JAN GUTJAHR

W0094780

ABC der Angeltechniken

KOSMOS

Angeln – das vielseitigste Hobby der Welt

Anfängerglück

Ich muss etwa sechs Jahre alt gewesen sein, als mein Vater mich das erste Mal mit an den Weiher nahm. Er hatte dieses Gewässer, welches mit Weißfischen und Forellen besetzt war, gepachtet. Nachdem er seine Rute montiert und den Haken mit einem schönen dicken Wurm präpariert hatte, warf er aus und wir warteten auf die erste Forelle. Als nun bereits zwei Stunden vergangen waren, ohne dass der Schwimmer sich großartig bewegt hatte, meinte mein Vater: „Das liegt am Wetter. Und außerdem haben wir Vollmond. Das mögen die Fische nicht!" „Darf ich die Angel auch mal halten?" fragte ich. Sie können sich wahrscheinlich schon denken, was kurz darauf geschah. Mein Vater guckte ziemlich belämmert, als ich die erste Forelle, ein Prachtexemplar von fast zwei Pfund, stolz wie Oskar, an Land wuchtete. Bei meiner zweiten Forelle, die etwas kleiner ausfiel als die erste, fiel er fast vom Glauben ab. Aber natürlich freute er sich mit mir, als ob er sie selbst gefangen hätte.

Für jede Fischart eine andere Technik

Ich bin seither mit einer unheilbaren Krankheit, dem „Angelvirus" infiziert. Und über die Jahre habe ich viel Erfahrung in allen Bereichen der Angelei sammeln können und dabei erfahren, wie vielseitig dieses Hobby sein kann. Unsere geschuppten Lieblinge lassen sich nämlich nicht nur mit Schwimmer und Wurm an den Haken locken, es gibt unzählige Techniken und Methoden, mit denen sich Fische überlisten, ja sogar gezielt fangen lassen. Auf die gängigsten Angeltechniken möchte ich in diesem Buch eingehen und versuchen, sie Ihnen näher zu bringen. Genau diese Vielseitigkeit macht nämlich, wie ich finde, den Reiz der Angelfischerei aus. Vielleicht gelingt es mir dabei ja auch, Sie zu infizieren – vorausgesetzt Sie sind es noch nicht ...

Welsdrill am Rio Ebro – Spannung pur!

Friedfische – mit Pose

Die Pose ist wahrscheinlich der älteste und auch der einfachste Bissanzeiger der Welt. Trotzdem ist sie immer noch einer der effektivsten. Das Prinzip ist klar. Hat ein Fisch den am Haken befindlichen Köder aufgenommen, wird dies durch Rucken und Zucken der Pose signalisiert. Schwimmt der Fisch mit dem Köder davon, taucht die Pose ab. Aber ganz so einfach ist die Fischerei mit dem Schwimmer nun auch nicht. Es gibt verschiedene Punkte zu beachten und insbesondere das Angelgerät der Situation und dem zu beangelten Fisch anzupassen.

Sicher kennen Sie den „normalen" Posenangler, der mit seiner 3 m-Teleskoprute und ausgebleiter Pose am Wasser sitzt. Dagegen ist auch nichts zu sagen, ich jedoch möchte Sie ganz genau in die einzelnen Angeltechniken einführen. Daher wird es sicher etwas spezieller, aber sehen Sie selbst:

Angeln mit der Stipprute

Die Schuppenträger, denen wohl am häufigsten mit dem Schwimmer nachgestellt wird, dürften Friedfische sein. Besonders gut lassen sich Weißfische, also z. B. Rotaugen, Brassen oder Güster, mit dieser Technik verführen. Aber auch auf Schleien, Karauschen und Karpfen sowie auf Barben, Döbel und Nasen lohnt immer ein Versuch. Zum Posenfischen auf kleinere bis mittelgroße Fische verwendet man in der Regel 5–8 Meter lange, teleskopierbare Ruten, so genannte Stippruten. Natürlich kann man auch kürzere Ruten verwenden. Allerdings kann man damit die Pose nicht so schön in der Strömung treiben lassen und vor allem auch schlechter, wenn was gebissen hat, einen Anschlag setzen. Außerdem lässt es sich mit langen Ruten besser senken, also die feststehende Pose auf die gewünschte Angeltiefe einstellen. Bei

GERÄTE

- beringte bzw. unberingte Stipprute zwischen 5 und 8 Metern Länge
- kleine Stationär- oder Kapselrolle, gefüllt mit 0.18er oder 0.20er Monofilschnur
- Vorfachmaterial der Stärke 0,16 mm
- Posen von 3 – 8 Gramm Tragkraft
- kleine Haken der Größen 8 bis 14
- Köder wie Mais, Wurm oder Maden
- Bleischrote, Hakenlöser, Zange, Schere und einen Kescher

kürzeren Ruten klappt dies dann nur noch mit der Laufpose –
aber dazu später. Oben genannte Stippruten können unbe-
ringt – die Angelschnur wird dann einfach an der Rutenspitze
angeknotet – oder mit Ringen und einer kleinen Rolle versehen sein. Professionelle Wettkampfstipper fischen teilweise
mit bis zu 15 m langen, unberingten Ruten aus Hightech-
Kohlefaser, die bei dieser Länge kaum mehr als 1000 Gramm
wiegen, aber auch mehrere Tausend Euro kosten können.
Anstatt dass die Schnur an der Rutenspitze befestigt ist, ist
sie an einen Gummizug geknotet, der durch die komplette
Rute läuft und die Fluchten der gehakten Fische abfedert. So
ist es selbst ohne Rolle möglich, größere Fische zu landen,
ohne dass die Schnur reißt. Genau hier liegt die Schwäche
der herkömmlichen unberingten Stippruten, bei denen die
Schnur direkt an die Spitze geknotet ist. Da man eben keine
Rolle hat, kann man einem großen Fisch bei einer Flucht keine Schnur geben, weshalb dicke Brocken oft verloren gehen.

**Erfolgreich gestippt!
Ein schöner Giebel.**

**Eine schöne Barbe –
Fisch des Jahres 2003**

Angeln mit der Bologneserute

Die Rute

In den letzten Jahren haben sich aus dem bereits erwähnten Grund die beringten Stippruten, die so genannten „Bologneseruten" durchgesetzt. Diese Ruten haben nichts mit Spaghetti zu tun, sie heißen nur deshalb so, weil berühmte italienische Stippangler wie Trabucco, Milo oder Mariani diese Angeltechnik geprägt haben. Ich werde im Folgenden die Bolognesetechnik erläutern, ohne auf das Fischen mit der unberingten Rute weiter einzugehen, da die Techniken sich nicht sonderlich unterscheiden – eben nur dadurch, dass die eine Rute eine Rolle hat und die andere nicht. Wie bereits erwähnt, sind Bologneseruten im Normalfall zwischen 5 und 8 Metern lang und haben ein Wurfgewicht von ca. 20 Gramm. Damit haben sie genügend Rückgrat, um auch mal einem Karpfen oder einer Barbe Paroli zu bieten.

TIPP

Dippen Sie Ihre Köder! Mit speziellen Dip Sprays machen Sie Ihren Köder noch attraktiver und fängiger. Einfach einsprühen, kurz wirken lassen und dann weiterangeln. Klappt super!

Rolle und Schnur

Auf die kleine Rolle, entweder eine Stationärrolle oder eine Kapselrolle, die eine Schnurfassung von ca. 100 m 0.25er Monofilschnur haben sollte, spult man 0.18er oder 0.20er Hauptschnur auf. Davon passen etwa 150 Meter drauf. Von geflochtener Schnur rate ich ab. Sie verheddert sich zu leicht und ist für die Fische zu leicht zu sehen. Auf die Hauptschnur montiert man eine feststehende Pose, die je nach Einsatzgebiet eine unterschiedliche Größe und damit Tragkraft haben sollte. Beim Angeln im Stillwasser, also in Weihern oder Häfen, verwendet man in der Regel kleine, sensible Schwimmer, im Fließwasser oder bei Wind darf die Wahl auf ein etwas größeres Modell fallen. An die Hauptschnur kommt nun unterhalb der Pose ein so genanntes Vorfach. Das Vorfach ist im Durchmesser dünner als die Hauptschnur und hat folgenden Sinn: Falls ein großer Fisch beißt, den wir nicht bändigen können, oder falls wir mit dem Haken am Gewässergrund hängen bleiben, reißt bei festem Zug nicht die Hauptschnur und damit auch eventuell der Schwimmer und ein Großteil der Schnur ab, sondern eben nur das kurze Stück Vorfach mit Haken.

Die Pose

Die Pose sollte, wie oben bereits erwähnt, den Witterungs- und Strömungsverhältnissen sowie der zu beangelnden Fischart angepasst werden. Es ist klar, dass sich bei starkem Wind ein etwas schwererer Schwimmer empfiehlt, da dieser selbst bei luftigen Verhältnissen noch einigermaßen gut ausgeworfen werden kann. Ein zu leichtes Modell bringt man dann nicht mehr auf Distanz. Man sollte jedoch immer so leicht wie möglich fischen, da ein feines Posenmodell vom Fisch beim Biss nicht so schnell bemerkt wird. Wer feiner fischt, fängt meistens mehr. Beim Fischen mit langen Ruten kommen fast ausschließlich feststehende Schwimmer zum Einsatz – sprich Modelle, die fest auf der Schnur montiert sind. Ganz gut liegen Sie generell mit Modellen, die eine Tragkraft zwischen 3 und 8 Gramm bieten. Schaffen Sie sich doch ein kleines Sortiment an. Dann haben Sie für jeden Zweck das richtige Modell. Wichtig ist, dass die Pose gut ausgebleit ist. Das heißt, sie darf nicht zu weit aus dem Wasser ragen – dann wird der Widerstand für den Fisch wieder zu hoch – und sie darf nicht zu tief im Wasser stehen. Dann ist sie nämlich bei jeder noch so kleinen Welle verschwunden und wir kriegen die Bisse gar nicht mehr richtig mit. Ausgebleit wird die Pose mit speziellen Schrotbleien, also kleinen Bleien, die man auf die Hauptschnur klemmen kann. Damit lässt der Schwimmer sich sehr genau einstellen. Bei kurzen Ruten bis etwa 4 Meter Länge werden gerne Laufposen eingesetzt. Diese Bissanzeiger sind nicht fest auf der Schnur angebracht wie oben genannte Modelle, sie laufen frei auf der Schnur und werden weiter oberhalb, auf der gewünschten Angeltiefe, durch einen Stopper gebremst. Diese Stopper sind zumeist aus Wollfäden, es gibt sie aber auch aus Gummi. Nachteil der Laufschwimmer ist, dass sie oft sehr plump und schwer sind, was bei vorsichtigen Beißern nicht gut ankommt.

Hauptschnur

Pose

Schrotblei

Schlaufen-knoten

Vorfach mit Haken

Klassische Montage mit feststehender Pose.

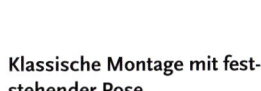

TIPP

Aus Balsaholz und Schaschlikstäbchen lassen sich recht einfach gute Posen selbst bauen: Aus dem Balsa einen Körper schnitzen – das geht gut mit einer Feile – den Stab durch, mit Zweikomponentlack (schnelltrocknend) lackieren, fertig!

TIPP

Nicht zu viel füttern! Nur den
Appetit der Fische anregen.
Weniger ist oft mehr!

Die Sache hat einen Haken

Als Haken kommen generell kleine Modelle ab Größe 8 in
Frage. Wichtig ist es, darauf zu achten, dass der Haken sehr
scharf ist und nicht zu leicht aufbiegt. Die meisten Gerätehersteller bieten bereits fertig gebundene Haken in Päckchen
a 10 Stück zum Verkauf an, welche es in jedem guten Geräte-
laden gibt. Hier ist bereits die Vorfachstärke auf die Hakengröße sowie auf die zu beangelnde Fischart abgestimmt. Zur
Orientierung eine Tabelle:

Zu beangelnde Fischart	Empfohlene Schnurstärke	Empfohlene Hakengröße
Karpfen	0,25 mm	8
Barbe	0,22 mm	8
Döbel/Nase	0,20 mm	10
Brassen/Güster	0,18 mm	12
Schleie/Karausche	0,18 mm	12
Rotauge/Rotfeder	0,16 mm	14

Jetzt geht es ans Wasser!

Anfüttern

Es empfiehlt sich, vor dem Angeln den Platz zu präparieren,
d.h. anzufüttern. Ich gehe zumeist folgendermaßen vor:
Beim Bauern oder bei einem Futtermittelvertrieb (wie z.B.
Raiffeisenmärkten) besorge ich mir einige Kilogramm Mais,
Hanf oder Weizen. Diese bekommt man für wenig Geld. Zu
Hause koche ich die trockenen Körner in einem großen Topf
kurz auf und lasse sie dann für ca. 24 Stunden ziehen. Am
nächsten Tag sind sie dann schön aufgequollen. Am Abend,
ca. gegen 21 Uhr, füttere ich dann ca. 2 Kilo gekochte Körner
an. Morgens um 6 Uhr bin ich dann am Wasser und muss
zumeist nicht lange auf einen Biss warten. Eine andere Möglichkeit einen Platz anzufüttern ist es, dies unmittelbar vor
bzw. während des Angelns zu tun. Allerdings verwendet man
in diesem Fall keine Körner, sondern Teig bzw. spezielles
Stippfutter, das man vor dem Angeln als Ballen am Platz
auswirft und eventuell während des Angelns noch etwas
nachfüttert. Vorteil ist hier, dass die Fische vom Geruch des
Futters zwar angelockt, jedoch nicht übersättigt werden.

Wer es richtig anstellt, wird sich
am Wasser immer erholen!

Köderwahl

Beim Stippen kommen verschiedene Köder in Frage. Neben pflanzlicher Kost, wie Maiskörnern, Weizen, Hanf und Gerste, nehmen Friedfische auch sehr gerne Maden, Würmer, Käse und Früchte. Döbel zum Beispiel lassen sich sehr gut mit Weintrauben und Kirschen fangen. Barben haben eine Vorliebe für Frühstücksfleisch. Ihrer Fantasie sind also keine Grenzen gesetzt. Als Orientierung habe ich aber auch hier eine Tabelle erstellt. Die Köder sind in der Reihenfolge ihrer Fängigkeit angegeben.

Zu beangelnde Fischart	Geeignete Köder
Karpfen	Mais, Weizen, Wurm, Maden
Barbe	Köse, Made, Wurm
Döbel	Trauben, Kirschen, Fleischwurst, Mais, Made, Wurm
Nase	Made, Wurm
Brassen/Güster/Rotauge/Rotfeder	Made, Mais, Wurm, Weizen
Schleie/Karausche	Made, Wurm, Mais, Weizen

Ausloten, Beködern und Auswerfen

Die Köder sind ausgewählt und der Platz ist gut angefüttert. Jetzt kann eigentlich nichts mehr schiefgehen. Allerdings muss man auch jetzt noch einiges beachten. Unser Futter liegt am Gewässergrund. Deshalb wäre es unsinnig, den Köder im Mittelwasser, also auf halber Wassertiefe anzubieten. Das funktioniert nämlich nur in den seltensten Fällen. Der Köder muss knapp über den Grund. Das ist deshalb besonders wichtig, weil die Fische sich in Grundnähe aufhalten und fast nur dort auf Futtersuche sind. Ganz falsch wäre es nun den Köder im Mittelwasser anzubieten. Hier fressen die Fische nur in den seltensten Fällen. Um die richtige Tiefe zu ermitteln, schiebt man die Pose nach und nach (in 15 cm-Schritten) auf der Hauptschnur so weit nach oben, bis der Schwimmer sich nach dem Auswurf auf die Wasseroberfläche legt. Der Köder ist nun am Grund. Um nun die korrekte Tiefe einzustellen, schiebt man den Schwimmer einfach wieder ein kleines Stück nach unten, bis er sich wieder aufstellt. Nun steht der Köder in der richtigen Tiefe. Die Brassen und Rotaugen können kommen. Das Loten funktioniert auch mit

TIPP

Beim Anfüttern sollten Sie darauf achten, dass Sie nicht von anderen Anglern dabei beobachtet werden, denn es gibt immer wieder schwarze Schafe, die man dann am nächsten Tag an seinem Futterplatz wiedertrifft. Füttern Sie am besten an, wenn es schon dunkel ist.

speziellen Lotbleien. Diese Bleie von ca. 20 Gramm Gewicht werden mittels Klappmechanismus an den Haken geklemmt und dann ausgeworfen. Der Schwimmer taucht durch das hohe Gewicht des Bleies komplett ab. Nun schiebt man wieder nach und nach die Pose so weit nach oben, bis sie an der Wasseroberfläche erscheint. Die richtige Tiefe ist erreicht. Beim Beködern des Hakens sollte man darauf achten, dass die Hakenspitze immer frei bleibt und der Haken durch den Köder getarnt ist. Dann fallen selbst vorsichtige Fische wie die Schleie auf unseren Köder herein. Beim Auswurf sollte man versuchen, nicht Zorro zu imitieren, indem man peitschenderweise den Köder ausbringt, sondern man sollte mit einem leichten Schwung die Montage auswerfen. Weichere Köder wie etwa Käse fallen sonst gerne vom Haken, und man wundert sich nach einiger Zeit, warum keiner anbeißt.

Anhieb, Drill und Landung

Beim Posenangeln wird, wie eingangs bereits erwähnt, der Biss eines Fisches meist dadurch signalisiert, dass die Pose zu zucken beginnt und dann untertaucht. Dies geschieht dadurch, dass der Fisch den Köder gepackt hat und damit davon schwimmt. Falls er den Köder gepackt hat und ihn vom Gewässergrund anhebt, wird der Schwimmer nicht untertauchen, sondern er wird sich auf die Wasseroberfläche legen. In beiden Fällen ist dies der Moment, in dem wir den Anhieb setzen müssen. Das passiert, indem man die Rute nach oben anhebt, um den Haken ins Fischmaul zu treiben. Wichtig ist hierbei, dass dies nicht zu heftig geschieht. Sonst besteht die Gefahr, dass dabei die Schnur durchreißt. Und dann ist der Fisch weg. Wenn der Anhieb geglückt ist und der Fisch am Haken hängt, beginnt der so genannte Drill. Also die Phase, in der sich der gehakte Fisch müde kämpft. Hierbei sollte man sich genug Zeit lassen, weil es sonst vorkommen kann, dass der Fisch kurz vor der Landung noch einmal explodiert und doch noch verloren geht, weil das Vorfach reißt. Am besten landet man Fische mit dem Kescher, geübte Angler können dies aber auch mit der Hand durchführen.

Weißfische – Oberbegriff für Friedfischarten wie Rotaugen, Brassen, Rotfedern, Barben, Nasen und Güstern

Schwimmer bzw. Pose – Bissanzeiger beim Stippfischen, früher oft aus Kork, heute aus Kunststoff oder Balsaholz. Wird zumeist fest auf der Schnur montiert und zeigt Bisse dadurch an, dass der Fisch ihn unter Wasser zieht.

Monofilschnur – die gängigste Angelschnur. Besteht aus einem Stück (mono = einzeln), nicht geflochten, meist transparent und ist aus Kunststoff gefertigt. Die Dicke von Monofilschnur wird in Millimetern angegeben. Eine 0.25er Schnur ist also 0.25 mm im Durchmesser.

Hakengröße – wird in Zahlen angegeben. Je größer die Zahl, je kleiner der Haken. Gängig sind Hakengrößen von 1–12. Größere Haken (Größenangabe von 1/0 bis 15/0) verwendet man zum Fischen auf Raubfische und kleinere (14–22) finden Anwendung bei der ganz feinen Friedfischangelei und Wettfischerei.

Stipprute/Bologneserute – Rute zum Fischen mit der Pose auf Friedfische. Zwischen 5 und 8 m lang, mit Ringen versehen und mit einem Rollenhalter ausgestattet.

Was bedeutet

Ein Angeltag geht zuende – mit einem kapitalen Döbel.

Friedfische –
angeln mit dem Futterkorb

Das Fischen mit dem Futterkorb ist in den letzten Jahren sehr
populär geworden. Wie so vieles im Friedfischbereich, haben
wir das Futterkorbangeln den Engländern zu verdanken. Auf
der Insel gibt es viele kleinere Flüsse, mit starker Strömung.
Normales Füttern ist dort schwer, da das Futter immer recht
schnell vom Platz getrieben wird. Nur mit einer Grundmon-
tage lässt sich in starker Strömung angeln. Wichtig ist aber,
dass Bisse gut angezeigt werden. So wurde die Feederfischerei geboren. Ein großer Vorteil dieser aus England stammen-
den Angeltechnik ist, dass das Anfutter unmittelbar in der
Nähe des Hakenköders liegt. So kann es seine Lockwirkung
sehr effektiv entfalten und den Fisch zielgenau an den Greifer
locken.

GERÄTE

**Benötigtes Gerät zum
Futterkorbangeln**
- Feederrute 3,60–4,50 m lang
- Mittelgroße Stationärrolle
- Geflochtene Haupt-
  schnur 0,16 mm oder
  Monofil 0,22 mm
- 0,20er–0,30er Monofilvor-
  fach
- Haken der Größe 4–10
- Futterkörbe in verschiede-
  nen Gewichten
- Rutenständer, am besten
  Dreibein
- Hakenlöser/Kombizange
- Grundfutter
- Köder
- Spezial-Sprüh-Aroma

Der Futterkorb ist ein kleiner Korb, der zumeist aus Draht
oder Plastik besteht. Zusätzlich ist er mit Blei beschwert. Je
nachdem, wie stark die Strömung ist, in der man fischt, sollte
man das Bleigewicht des Korbes auswählen. Ist die Strömung stark, nimmt man einen schweren Korb, damit er nicht
durch den Sog vom Grund weggespült wird. Ist die Strömung
schwach, kann man ruhig ein leichteres Modell wählen. Es
gibt Körbe zwischen 20 und 150 Gramm. Im normalen Fließwasser dürften Sie mit Gewichten bis 80 Gramm hinkommen.

Das Prinzip

Der Futterkorb erfüllt also grundsätzlich einmal die Aufgabe
eines normalen Grundbleies – nämlich den Haken mitsamt
Köder auf den Gewässergrund zu bugsieren. Dazu wird er
frei auf der Schnur montiert. Unterhalb des Futterkorbes wird
das Vorfach mit dem Haken einfach eingeschlauft. Das
Futterkorbangeln stellt, will man es richtig und erfolgreich
betreiben, spezielle Anforderungen an unser Gerät. Dies
möchte ich im Folgenden darstellen.

Hmh, lecker! Das muss die Fische einfach locken...

Das richtige Gerät

Die Rute zum „Feedern"

Zum Feedern (Feedern = engl. Füttern) verwendet man spezielle Ruten, die es ermöglichen, selbst schwerste Körbe – ein Korb mit einem Grundgewicht von 80 Gramm kann, wenn er mit Futter gefüllt ist, locker 150–200 Gramm wiegen – auszuwerfen, aber doch so sensibel sind, dass sie selbst die feinsten Rotaugenbisse noch zuverlässig anzeigen. Aus diesem Grund haben Feederruten zumeist ein sehr kräftiges Rückgrat, aber sehr dünne, feinnervige Spitzen, die oft aus Glasfaser oder Vollkohlefaser gefertigt sind. Meistens sind es dreiteilige Steckruten mit einer Länge von 3,60 m bis 4,50 m, die oft 12 oder mehr Ringe haben. Dadurch haben sie eine sehr ausgewogene Aktion. Selbstverständlich kann man auch mit einer „normalen" Teleskoprute Futterkorbangeln betreiben. Aber ich denke, den Luxus einer Spezialrute sollte man sich gönnen. Mit einer solchen Gerte macht diese Angelei einfach viel mehr Spaß. Im Übrigen sind preiswerte Modelle im Fachhandel schon ab 30 Euro erhältlich, also gar nicht so teuer.

TIPP

Da man beim Grundangeln doch ab und an einen Futterkorb abreißt, ist es empfehlenswert, die Dinger selbst zu basteln. Ich produziere Körbe aus alten Filmdosen. Bei denen entferne ich den Boden und schneide an den Wänden noch ein paar kleine Löcher hinein. Beschwert wird der Korb mit Wickelblei. Mit 0.50er Monofilschnur wird der Korb komplettiert. Fertig!

Rolle und Schnur

Wie schon beim Stippfischen angeraten, empfehle ich auch beim Feederfischen eine Stationärrolle. Diese kann beim Feedern aber ruhig eine Nummer größer ausfallen. Schließlich will man sich ja auch die Möglichkeit erhalten, weiter draußen zu fischen. 100 Meter 0.35er Monofilschnur sollte die Rolle schon fassen. Habe ich mich bei der Fischerei mit der Pose noch dagegen ausgesprochen, will ich beim Futterkorbangeln geflochtene Schnur empfehlen, so genannte Dyneema-Schnüre. Das hat verschiedene Gründe: Die Gefahr, dass sich die Schnur verheddert, ist hier nicht so groß, da die Schnur ja permanent unter Spannung ist. Des Weiteren hat geflochtene Schnur bei gleicher Dicke eine wesentlich höhere Tragkraft als monofile Schnur. Wir können also feiner fischen. Der wichtigste Aspekt ist meiner Ansicht nach aber die wesentlich bessere Bisserkennung. Das liegt daran, dass geflochtene Schnüre so gut wie keine Dehnung besitzen. Damit wird jeder noch so kleine Zupfer eines beißenden Fisches direkt auf die Rutenspitze übertragen. Monofilschnüre haben eine Dehnung von bis zu 20 Prozent. Hat man beispielsweise 50 Meter weit ausgeworfen, kann die Schnur sich theoretisch bis zu 10 Metern dehnen! Damit lässt sich auf größere Distanzen auch besser ein Anhieb setzen. Nachteil der geflochtenen Schnur: Sie ist relativ teuer. Aber gut behandelt hält sie mehrere Angelsaisons aus.

Gut gefeedert!
Eine 6 Pfünder Barbe.

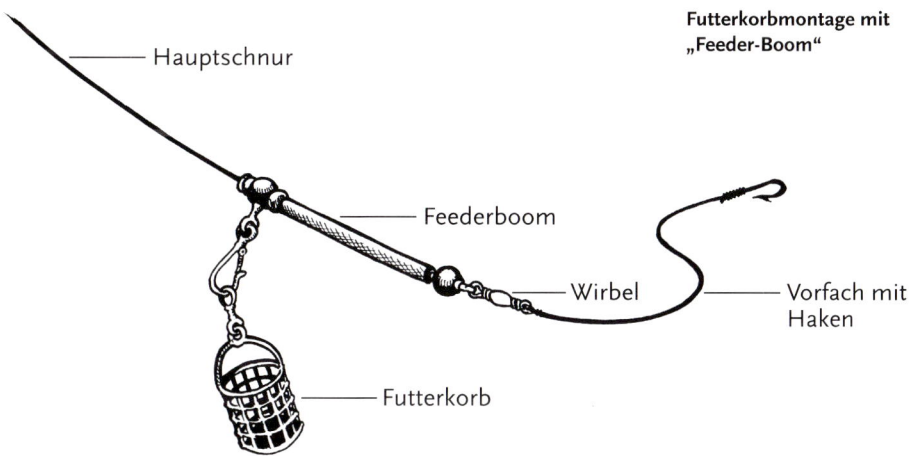

Futterkorbmontage mit „Feeder-Boom"

Hauptschnur

Feederboom

Wirbel

Vorfach mit Haken

Futterkorb

Vorfach und Haken

Das Vorfach sollte, genau wie beim Bolognesefischen, eine geringere Tragkraft besitzen als die Hauptschnur. Damit hat man bei einem Hänger am Gewässergrund die Chance, dass nur das Vorfach durchreißt und wir den Rest der Montage retten können.

Das Vorfach sollte ca. 50 cm lang sein und bevorzugt aus monofiler Sehne bestehen, weil Monofil für den Fisch schlechter zu sehen ist. Beim Feederfischen sollte man aber etwas dickere Vorfächer und etwas größere Haken fischen als beim Stippangeln. Da die komplette Montage ja permanent am Gewässergrund liegt, ist sie durch dort herumliegende Muscheln und Steine ja wesentlich höheren Belastungen ausgesetzt. Als Orientierungshilfe habe ich wiederum eine Tabelle erstellt.

Zu beangelnde Fischart	Empfohlene Schnurstärke	Empfohlene Hakengröße
Karpfen	0,30 mm	4
Barbe	0,28 mm	6
Döbel/Nase	0,25 mm	8
Brassen/Güster	0,22 mm	10
Schleie/Karausche	0,22 mm	10
Rotauge/Rotfeder	0,20 mm	10

TIPP

Ergänzend zum Korb kann man Futterballen einfrieren und dann später im gefrorenen Zustand dazufüttern. Mit den gefrorenen Ballen kommt man sehr weit raus!

Füttern und Angeln

Futter bei die Fische

Kommen wir nun zum wichtigsten Teil dieser Angeltechnik, dem Futter. Das Prinzip des Feederfischens ist ja so einfach wie genial. Das Futter befindet sich im Korb, nur ca. 50 cm vom Hakenköder entfernt. Durch die Gewässerströmung gibt der Korb permanent Futterpartikel frei, die eine verführerische Duftspur im Wasser entwickeln. Dem können Friedfische einfach nicht wiederstehen! Damit das Futter aber auch so richtig arbeitet, muss es folgende Kriterien erfüllen: Es muss gut und intensiv riechen und es muss so beschaffen sein, dass es nur nach und nach aus dem Futterkorb entweicht. Ist das Futter zu locker beschaffen, z. B., weil es mit zu viel Wasser angerührt wurde, kann es sein, dass es schon beim Auswurf aus dem Korb fällt. Ist es zu hart, eventuell mit zu wenig Wasser angereichert, entweicht es gar nicht. Der Mittelweg ist in diesem Fall also der Richtige. Geben Sie beim Anmischen des Futters also immer nur kleine Mengen Wasser dazu. Falls es Ihnen zu viel Aufwand bedeutet, eine eigene Futtermischung zu produzieren, können Sie auch auf Fertigmischungen zurückgreifen. Diese Fertigmischungen, z. B. von der Firma Mosella, haben den Vorteil, dass ihre Beschaffenheit genau auf die Feederfischerei ausgelegt ist, und vor allem sind es Produkte, die von Profis speziell auf verschiedene Fischarten und Einsatzgebiete abgestimmt sind. Alternativ können Sie aber auch selbst eine Mischung aus dem Supermarkt zusammenstellen.

TIPP

Futtermischung für 1 kg Trockenmasse
400 Gramm Maismehl
300 Gramm Hartweizengrieß
100 Gramm Vanillepudding
100 Gramm Vogel-Körnerfutter
100 Gramm Parmesankäse

Werfen, werfen, werfen ...

Beim Feederfischen sollte in regelmäßigen Abständen, ich empfehle ca. 10 Minuten, neu ausgeworfen werden. Vor jedem neuen Wurf wird der Futterkorb aufgefüllt. Damit erreicht man, dass immer frisches Futter am Platz ist, welches immer wieder von Neuem seine Lockwirkung entfalten kann. Beim Werfen muss man unbedingt darauf achten, dass man nicht zu heftig nach vorne peitscht, sondern den Köder in einem gleichmäßigen Schwung hinausbringt. Wenn man verreißt, kann es passieren, dass man das Futter selbst überwirft – sprich – es aus dem Korb fällt, bevor es ins Wasser kommt. Man sollte außerdem versuchen, immer ungefähr die gleiche Stelle anzuwerfen, damit dort ein Futterschwerpunkt entsteht.

Rutenablage

Ich fische zumeist mit nur einer Rute. Zum einen bekomme ich die Bisse besser mit, da ich mich voll auf die eine Gerte konzentrieren kann und zum andern ist es mir früher oft passiert, dass ich, während ich mit der einen Rute ein kleines Rotauge gedrillt habe, ich an der anderen einen heftigen Barben- oder Karpfenbiss bekommen habe. Dies hatte zur Folge, dass ich mit Mühe und Not meine Zweitrute retten musste, die teilweise schon halb die Böschung heruntergerissen war. Meist ging bei dieser Aktion auch noch der bereits gehakte Fisch wieder verloren. Wenn Fische am Platz sind, fängt man auch mit nur einer Rute genug. Als beste Rutenablage haben sich Dreibeine herauskristallisiert. Die kann man selbst auf steinigsten Untergründen perfekt und standsicher aufbauen und sie fallen auch bei kräftigsten Bissen nicht um.

Mit einem Dreibein stehen die Ruten immer sicher.

TIPP

Am besten ködert man Käse oder Frühstücksfleisch an, indem man das komplette Vorfach, mit Hilfe einer Ködernadel durch den Happen hindurchzieht. So kann er kaum aufreißen und hält sehr gut am Haken. Generell sollte man nicht zu weiche Käsesorten verwenden. Zur Not kann man den Köder auch noch einen Tag an der frischen Luft trocknen lassen. Dann bekommt er eine etwas festere Konsistenz.

Köderwahl

Standardköder beim Feederfischen ist die gute, alte Made. Sie übersteht selbst weiteste Würfe, ohne vom Haken zu fallen. Hinzu kommt, dass sie von fast allen Fischarten gerne genommen wird. Wer es gezielt auf Barben versuchen möchte, der sollte anstatt Maden lieber Käse anködern. Darauf beißen fast ausschließlich die kämpferischen Bartelträger. Wichtig ist aber definitiv wie beim Stippen auch, dass die Hakenspitze noch ein kleines Stückchen aus dem Köder herausschaut. Damit bei einem Anhieb der Haken auch sitzt.

Der Biss

Einen Biss an der Feederrute nicht zu sehen, ist wohl schwieriger, als ihn zu sehen. Durch die feinen Spitzen dieser Spezialruten bekommen Sie selbst mit, wenn eine 10 cm Laube am Köder nuckelt. Beim Biss eines Durchschnittsrotauges wackelt und zittert die Rutenspitze dann oft schon so heftig, dass man meinen könnte, ein Riesenbrocken hinge am Haken. Wenn die Rutenspitze stetig Aktion zeigt, ist der richtige Zeitpunkt für den Anhieb gekommen. Schlagen Sie jedoch nicht zu heftig an! Ein gleichmäßiger Zug in Anschlagsrichtung reicht meistens, um den Haken ins Fischmaul zu bringen. Besonders dann, wenn man mit geflochtener Sehne fischt.

Landung der Fische

Wie beim Stippen auch, würde ich zur Landung der gehakten Schuppenträger einen Unterfangkescher empfehlen. Damit sind Sie auf der sicheren Seite, da die Handlandung doch etwas Übung erfordert. Allerdings ist für denjenigen, der seine Fänge zurücksetzt, die Handlandung sicherlich die für den Fisch schonendste Variante. Beim Keschern kann er schon mal ein paar Schuppen verlieren. Gerade beim Feederfischen am Fluss kann es von Vorteil sein, einen Kescher zu verwenden, der mit einer überdimensional langen Kescherstange ausgestattet ist. Damit gelingt es dann sogar, die Fische bei sehr hohen Ufern und Steinpackungen sicher zu landen. Denn nicht an jedem Gewässer sitzt man direkt am Wasser. Vor allem kommt man mit einem langen Kescherstab nicht in Gefahr die Uferböschung herunterzufallen.

Abendstimmung am Fluss — wann kommt der Biss?

Karpfen angeln –
angeln auf die dicken Jungs

Auf Karpfen fischen kann jeder!

Um kaum eine Variante des Angelsports ranken sich so viele Mythen und Geheimnisse wie um das Karpfenangeln. Namen wie Kevin Nash, Andy Little oder Kevin Maddocks sind selbst Nicht-Karpfenanglern meist geläufig. Schließlich tauchen diese Namen permanent in der Angelpresse auf. Den Karpfenlaien beeindruckt in erster Linie die Größe der gefangenen Fische. Karpfen von 20 und 30 Pfund sind heutzutage nichts Besonderes mehr, 40- und sogar 50-Pfünder werden regelmäßig von Experten gefangen. Selbst hier in Deutschland. Für den „Normalangler" sind diese Größenordnungen kaum vorstellbar. Und auf den ersten Eindruck hin wirkt das gezielte Karpfenfischen für viele sehr kompliziert. Das schafft Distanz. Dabei ist Karpfenangeln zwar in gewisser Weise schon eine Kunst, die aber doch recht einfach zu erlernen ist. Jeder kann auf Karpfen fischen. Man muss nur wissen, wie es geht.

Ein volles Zelt – wer länger auf Karpfen ansitzt benötigt viel Ausrüstung.

Das benötigte Gerät

Berge von Gerät

Liest man die Fachmagazine, wird dem Normalangler vermittelt, dass er ohne Liege, Zelt, elektronische Bissanzeiger, Rodpod usw. gar nicht ans Wasser zu gehen braucht. Es wird suggeriert, dass nur genau mit diesem Zubehör ein erfolgreiches Karpfenangeln möglich ist. Ich nehme immer nur möglichst wenig Gerät mit ans Wasser. Das ist zwar auch schon recht viel, aber es hält sich noch in Grenzen.

Rute

Beim Karpfenangeln kommen spezielle Karpfenruten zum Einsatz. Sie können aber auch mit einer normalen Grundrute fischen. Mit Spezialruten macht es aber, wie bereits schon erwähnt, einfach mehr Spaß. Karpfenruten sind zwischen 3,30 m und 3,90 m lang, empfehlenswert ist eine mittlere Länge von 3,60 m. Die Gerten haben zumeist ein kräftiges Rückgrat, biegen sich bei hohen Belastungen aber parabolisch, also über die gesamte Rutenlänge. Auf Grund des kräftigen Rückgrates dieser Ruten lässt es sich mit ihnen, selbst mit hohen Bleigewichten, sehr weit werfen. Die parabolische, also durchgehende Aktion kommt ihnen beim Drill eines gehakten Karpfens zugute. Modelle mit durchgehender Aktion federn Fluchten eines großen Fisches besser ab als Ruten mit Spitzenaktion. Karpfengerten sind mit einem recht großen Rollenhalter ausgestattet, der selbst große Stationärrollen sicher fasst. Der Rutengriff besteht entweder aus Kork, in der Regel aber aus zweiteiligen Duplon, also Schaumstoff. Angeblich soll man damit besser werfen können – wenn Sie mich fragen spielt es aber keine Rolle, ob durchgehender Kork oder geteilter Duplon. Es ist wohl eine Frage des persönlichen Geschmacks.

Die Testkurve – jetzt wird es mathematisch

Was das Wurfgewicht angeht, weisen Karpfenruten eine Besonderheit auf. Das Wurfgewicht ist nicht wie üblich in Gramm angegeben, sondern in englischen Pfund (lbs). Auch nennt man es nicht Wurfgewicht, sondern bezeichnet es als

Schwere Bleie
erfordern ein hohes
Wurfgewicht!

Testkurve. Das rührt daher, dass das gezielte Karpfenangeln seine Wurzeln in England hat. Ein englisches Pfund sind 453 Gramm. Was bedeutet nun Testkurve? Testkurve ist das Gewicht, das benötigt wird, um die Rute in ihrer vollen Länge durchzubiegen. Im Grunde also das Gewicht, was man maximal mit der Rute hochheben könnte. Eine Rute mit einer Testkurve von 1 lbs könnte also auf dem Papier 453 Gramm vertragen. Um nun die Testkurve in ein herkömmliches Wurfgewicht umzurechnen, nimmt man diese Grammzahl und teilt sie durch 16 und zieht nochmal 10 % ab. Warum das so ist, weiß ich auch nicht. Das haben sich schlaue Köpfe mal ausgedacht. Auf unser Beispiel mit der 1 lbs Rute ergibt das ein Wurfgewicht von 25,47 Gramm. Um nun das Wurfgewicht von 2, 3 oder 3,5 lbs Ruten zu berechnen, multipliziert man die angegebene Testkurve einfach mit 25,47. Damit Sie das nicht selbst machen müssen, eine kleine Übersicht:

Testkurve (lbs)	Wurfgewicht in Gramm (Testkurve x 25,47)
1 → sehr leichtes Karpfenfischen	25,47
1.5 → leichtes Karpfenfischen	38,21
2 → leichtes Karpfenfischen	50,94
2.5 → mittleres Karpfenfischen	63,67
3 → mittelschweres Karpfenfischen	79,41
3.5 → schweres. „Long Range" Karpfenfischen	79,41

Bedenken Sie aber, dass, je höher die Testkurve ausfällt, die Wahrscheinlich eines Fischverlustes im Drill steigt. Wenn eine Rute härter ist, kann sie plötzliche Fluchten im Uferbereich nicht mehr so schön abfedern, wie es eine weichere Rute könnte. Für den „normalen" Karpfenangler reicht also eine Rute mit einer Testkurve von 2,5 lbs aus. Auch damit sind 60m Würfe mit 80 Gramm Bleien möglich.

Was bedeutet Wurfgewicht?

Das angegebene Wurfgewicht sagt aus, mit welchem Bleigewicht die Rute idealerweise ausgeworfen werden kann. Hat eine Rute ein Wurfgewicht von 50 Gramm, wirft sie sich also mit diesem Gewicht am besten. Das bedeutet allerdings nicht, dass eine 50-Gramm-Rute nicht auch mit höheren oder leichteren Gewichten zurechtkommt. Bei höheren Gewichten muss man beim Wurf aber etwas aufpassen, um die Rute nicht zu stark zu belasten.

Rolle

Beim Karpfenangeln kommen fast ausschließlich Stationärrollen zum Einsatz. Multirollen verwendet man fast gar nicht.
Da man häufig auf große Distanz fischt und da Karpfen sehr
kampfstarke Fische sind, die schon mal fast 100 Meter
Schnur von der Rolle ziehen können, verwendet man norma-
lerweise recht große Rollenmodelle. Diese sollten ca. 250 Meter 0.35er Monofilschnur fassen und über eine gute, präzise
funktionierende Bremse verfügen. Diese muss im Ernstfall
ruckfrei Schnur geben. Bei der modernen Karpfenangelei haben sich Freilaufrollen durchgesetzt. Deren Prinzip ist einfach erklärt: Zusätzlich zur normalen Bremse verfügen diese
Rollen über ein System, das es ermöglicht, die eigentliche
Bremswirkung auszuschalten, so dass der Karpfen im Falle
eines Bisses ungehindert Schnur nehmen kann. Der Freilauf
wird durch einen Hebel, welcher am Heck der Rolle sitzt, ak-
tiviert. Dessen Widerstand kann variabel eingestellt werden.
Legt der Angler nach dem Biss den Hebel wieder um, bzw.
betätigt er die Rollenkurbel, wird der Freilauf deaktiviert und
der Fisch kämpft nun wieder gegen den regulär eingestellten
Bremswiderstand. Sie müssen sich jetzt nicht unbedingt eine
Freilaufrolle zulegen. Auch mit einer „normalen" Stationärrolle können Sie den Freilauf simulieren – indem Sie die
Bremse aufdrehen. Dann kann der Fisch auch beim Biss
Schnur nehmen. Freilaufrollen sind da aber natürlich etwas
praktischer ...

Schnur

Karpfenrollen werden zumeist mit Monofilschnur bestückt.
Geflochtene Schnüre kommen nur selten zum Einsatz, da sie
auf Grund ihrer geringen Dehnungsfähigkeit die Gefahr ver-
größern, dass der Fisch im Drill ausschlitzt, also der Haken
sich bei zu großem Zug aus dem Fischmaul herausschnei-
det. Das ist nicht nur für uns unschön, sondern auch für den
Karpfen. Geflochtene Schnüre kommen eigentlich nur beim
Fischen auf sehr große Distanzen, damit meine ich 150 Meter
oder mehr, zum Einsatz – von ihr passt halt mehr auf eine
Rolle. Allerdings schaltet man dann noch ca. 10 Meter Monofilschnur vorne dran, damit ein gewisser Dehnungspuffer

entsteht. Die richtige Schnurstärke liegt etwa bei einer Dicke von 0,35 mm und etwa 9 kg Tragkraft.

Vorfach

Als Vorfach verwendet man gerne geflochtene Schnur, die weicher als Monofil ist und damit dem Karpfen weniger auffällt. Man sollte aber unbedingt darauf achten, sinkende geflochtene Schnur zu wählen, da das Vorfach sonst am Gewässergrund aufsteigt und einen gut sichtbaren Schnurbogen unter Wasser bildet. Das könnte dem Karpfen missfallen. Ich würde Schnüre mit einer Tragkraft von 15–20 kg empfehlen.

Blei

Es werden überwiegend schwere Bleie zwischen 60 und 120 Gramm gefischt. Das Gewicht des Bleies hängt davon ab, in welchen Strömungsverhältnissen man fischt. Angelt man in einem Weiher, kommt man mit 60 Gramm sicherlich aus. Ist das bevorzugte Angelrevier aber ein Fluss, wie z. B. der Rhein oder die Mosel, sollte man höhere Gewichte von 90 oder mehr Gramm einsetzen. Wichtig ist, dass die Montage fest auf dem Gewässerboden liegt und nicht permanent durch Strömung oder z. B. den Sog vorbeifahrender Schiffe vom Futterplatz weggerissen wird. Laufbleie kommen selten zum Einsatz. Gefischt wird am effektivsten mit dem Festblei und der auf S. 27 abgebildeten Haarmethode.

Wirbel

Von Karabinerwirbeln rate ich Ihnen ab. Verwenden Sie nur solide Tönnchenwirbel ohne Karabiner, mit einer Tragkraft von ca. 20 kg. Ein Einhänger ist immer ein Schwachpunkt, der mal zum Verlust eines großen Fisches führen kann.

Haken

Ein Karpfenhaken muss folgende Eigenschaften aufweisen: Er muss extrem scharf sein, damit die Selbsthakmethode auch gut klappt und er muss stabil sein, d. h. er darf nicht aufbiegen oder brechen. Achten Sie darauf, dass der Karpfenhaken ruhig etwas dicker im Draht ist. Dann schlitzen gehakte Fische auch nicht so leicht aus.

Die Selbsthakmethode

Bei dieser Methode, die das Karpfenangeln zweifelsohne revolutioniert hat, läuft die Hauptschnur nicht frei durch das Grundblei, sondern das Blei ist fest auf der Hauptschnur montiert. Saugt ein fressender Karpfen nun den am Grund liegenden und mit der Haarmethode angebotenen Köder ein, bemerkt er wahrscheinlich zuerst den Haken. Erschrocken versucht er, den Köder wieder auszuspucken, wodurch er sich selbst die Hakenspitze ins Maul treibt. Noch mehr erschrocken versucht er, nun vom Platz zu flüchten und schwimmt dabei mit vollem Tempo gegen das fest montierte Bleigewicht an, was den Haken noch tiefer in sein Maul treibt. Der Karpfen hat sich selbst gehakt! Der Fisch schwimmt nun mit der ganzen Montage weiter vom Platz weg, die Freilaufrolle, die an der auf dem Rutenständer liegenden Karpfenrute montiert ist, gibt Schnur frei, der Bissanzeiger piept. Im Fachjargon nennt man diesen Vorgang „Run".

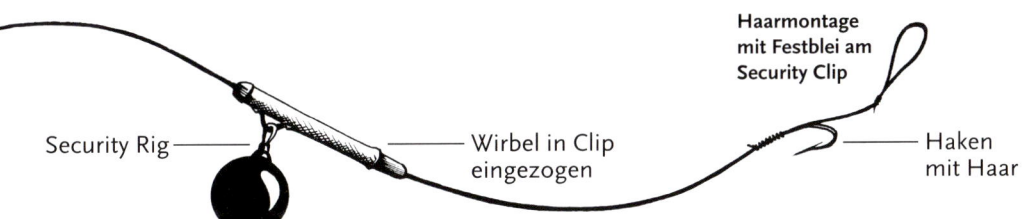

Security Rig — Wirbel in Clip eingezogen

Haarmontage mit Festblei am Security Clip

Haken mit Haar

Rutenständer

Spezielle Karpfenrutenständer, so genannte Rodpods, brauchen Sie nicht unbedingt. Ich selbst fische mit einem Dreibein. Das steht selbst auf steinigem Boden superfest und hält auch heftigeren Karpfenbissen stand, ohne umzufallen. Haben Sie weichen Boden am Angelplatz, reichen sicherlich auch normale Rutenständer, die einfach in die Erde gesteckt werden.

Elektronische Bissanzeiger

Elektronische Bissanzeiger sind nicht unbedingt vonnöten. Zumindest dann nicht, wenn Sie permanent an Ihren Ruten sitzen und aufpassen. Dann kriegen Sie die Bisse auch ohne

Bissanzeiger sind besonders beim Nachtangeln klasse.

die neumodischen Pfeifer mit. Ich verwende die Dinger aber gerne, da man sich dann mit einem guten Gewissen mal ein paar Meter von den Ruten wegbewegen kann oder mal kurz die Augen zumachen kann, wenn man so gemütlich dasitzt. Mehrere Stunden auf die Ruten zu schauen, kann ganz schön anstrengend sein. Beim Nachtangeln sind die Töner in jedem Fall anzuraten. Außerdem kosten elektronische Bissanzeiger mittlerweile nicht mehr so viel. Für 15 Euro kriegen Sie schon ganz passable Modelle. Sie können sie ja auch für andere Angelmethoden, wie z. B. zum Aal- und Zanderangeln verwenden.

Fallbisse

Beim Angeln mit dem Festblei kommt es gelegentlich zu dem Phänomen des Fallbisses. Das ist nichts anderes, als dass der Karpfen beim Biss nicht von uns wegschwimmt, sondern auf uns zugeschwommen kommt. Die Schnur läuft dann nicht von der Rolle ab, sondern sie erschlafft. Wenn man die Ruten permanent im Auge hat, kriegt man das zumeist mit. Aber im Dunkeln wird es damit schon kritisch. Für solche Fälle gibt es Fallbissanzeiger, so genannte Swinger. Die haben nichts mit den einschlägigen Clubs zu tun, sie heißen so, weil sie herabschwingen. Swinger haben einen Clip, durch den die gespannte Hauptschnur läuft. Wird diese nun schlaff, fällt der Swinger, der mit einem Gewicht beschwert ist, nach unten und zeigt uns den Fallbiss an. Ganz einfach.

Kescher

Wer das erste Mal einen speziellen Karpfenkescher zu Gesicht bekommt, der kann sich eventuell erschrecken. Karpfenkescher können nämlich sehr groß ausfallen. Eine Bügelweite von über einem Meter ist nichts Besonderes – Kescher von 110 oder 120 cm werden häufig benutzt. Aber schließlich sind Karpfen ja auch sehr große Fische und ich denke, besser ein zu großer Kescher, als dass der Fisch nachher nicht in den zu kleinen Kescher passt. Hinzu kommt in der Regel ein Kescherstab von 180 cm oder länger, gefertigt aus Carbon. Das Netz ist sehr feinmaschig gewoben, damit der Karpfen möglichst unverletzt bleibt. Ein zu raues Netz kann den Fisch schon mal einige Schuppen kosten.

Köder

Boilies

Boilies haben sich in den letzten Jahren zu dem Karpfenköder schlechthin entwickelt. Der große Vorteil von Boilies ist, dass sich mit ihnen absolut selektiv auf Karpfen fischen lässt – also: Außer Karpfen beißt fast nichts anderes auf die Kugeln (außer Großbrassen und Barben), weil sonst keine andere Fischart die oft sehr harten Kugeln knacken kann. Man ist also vor laufendem Weißfischgezuppel sicher. Auch ein Plus der Kugeln ist, dass sie tagelang auf dem Gewässergrund liegen bleiben, ohne sich aufzulösen – damit haben die Karpfen viel länger Zeit, sie zu finden, als wenn sie sich auflösen würden. Im Grunde genommen sind Boilies nichts anderes als Teigkugeln, die anstatt mit Wasser mit Ei gerollt worden sind. Durch Zugabe von flüssigen Geschmacks- und Aromastoffen erhalten sie einen tollen Geruch. Diese gerollten Kugeln werden dann in Wasser ca. 5 Minuten lang gekocht – daher auch ihr Name Boilie (aus dem Englischen „to boil" abkochen) – bis sie schön hart sind. Anschließend werden die Kugeln auf Zeitungen oder in Pappkartons ca. 2 Tage lang getrocknet, dann sind sie einsatzbereit. Boilies werden mit dem Festblei an der Haarmontage angeboten. 1kg Fertigboilies kosten im Fachhandel ca. 7 Euro.

TIPP

Kommen in Ihrem Gewässer viele Krebse und Katzenwelse vor, die sich über Ihre Karpfenköder hermachen, bevor überhaupt Karpfen am Platz sind, können Sie Ihren Köder einfach schützen, indem Sie ihn in einem Stück Damenstrumpfhose einpacken. Die Krebse und Katzenwelse können die Köder nun nicht mehr anfressen, die Karpfen können ihn aber immer noch schlucken!

TIPP

Füttern Sie Hundefutter mit Boilies zusammen. Dann nutzen Sie die Vorteile beider Futterarten.

Hundefutter

Hundefutter, speziell das Trockenfutter, ist eine günstige Alternative zu Boilies, hat aber den Nachteil, dass außer Karpfen auch andere Fischarten darauf stehen. Hundefutter ist also nicht ganz so selektiv, wie es Boilies sind. Hundefutter hat auch den Nachteil, dass es sich unter Wasser recht schnell auflöst. Nach maximal 12 Stunden haben sich die Ringe verdünnisiert. Aber ein Futter, welches sich schneller auflöst, hat auch eine größere Lockwirkung, da es permanent Stoffe ins Wasser abgibt. Ein weiterer Pluspunkt ist der geringere Kostenfaktor. Für den gleichen Preis bekommt man im Vergleich zu Boilies mindestens die doppelte Menge Hundefutter. Angeködert wird die Vierbeinernahrung genau wie die Karpfenkugeln — mit Festblei und Haarmontage.

TIPP

Ich gebe die Körner immer in einen großen Topf, gieße Wasser darüber, bis sie gut bedeckt sind und koche das Ganze einmal auf. Dann lasse ich den Topf über Nacht stehen. Am nächsten Tag sind die Körner dann gut aufgequollen und einsatzbereit.

Partikelköder

Als Partikelköder bezeichnet man alle Körner und Keime, die zum Angeln verwendet werden können. Also Mais, Weizen, Hanf, Gerste, Kichererbsen, Tigernüsse usw. Alle dieser Köder lassen sich gut zum Karpfenfang einsetzen, haben jedoch ganz klar den Nachteil, dass sie von jeder Menge anderer Fischarten auch gefressen werden. Ihr Vorteil ist jedoch der günstige Kostenfaktor: 25 kg Rohmais kostet im Futtermittelhandel ca. 10 Euro. Gekocht ergibt er dann fast die doppelte Menge! Ein echtes Schnäppchen. Vor dem Füttern müssen Partikelköder aber auf jeden Fall gekocht werden. Sonst fangen sie im Fischleib an zu quellen, was dem Flossenträger dann ganz schön Bauchweh bereiten kann.

Ein kräftiger 18 Pfünder — Schuppenkarpfen kämpfen besonders gut.

Platzwahl

Die Platzwahl ist einer der wichtigsten, aber auch einer der schwierigsten Punkte, die ein erfolgreicher Karpfenangler beachten muss. Es nützt nämlich nichts, einfach mal so an sein Gewässer zu gehen, Futter bei die Fische zu geben und sich dann am nächsten Tag erwartungsvoll ans Wasser zu setzen. Das mag beim Weißfischangeln funktionieren. Karpfen jedoch haben ihre ganz bestimmten „Futterrouten" – also bevorzugte Plätze, die sie immer wieder anschwimmen, um dort zu fressen. Das können Muschelbänke im Gewässer sein, Schilfkanten, Untiefen, Bachmündungen usw. Wie findet man nun diese „Hotspots"? Man könnte natürlich das Gewässer mit Boot und Echolot abfahren, aber dazu hat längst nicht jeder Angler die Gelegenheit. Es geht auch einfacher. Ein sicheres Indiz für fressende Karpfen ist es, wenn man die Rüssler an einem Platz springen sieht. Springende oder an der Oberfläche rollende Karpfen tun dies oftmals an einem Platz, an dem sie Nahrung aufnehmen. Genau hier müssen sie anfüttern!

Anfüttern

Karpfenangler benutzen oft Hilfsmittel, um Boilies, Hundefutter und Partikelköder anzufüttern. Das liegt einfach daran, dass man zum Teil recht weit draußen anfüttern muss, um die Futterplätze zu erreichen. Die nötigen Entfernungen können nicht durch einfaches Werfen erreicht werden.

Groundbaiter

Ein Groundbaiter ist im Grunde nichts anderes als eine Wurfschaufel speziell zum Anfüttern. Diese Schaufel ist an einer 1,50 bis 2,00 Meter langen Fiberglas- oder Carbonstange befestigt. In die Schaufel passt ungefähr die Menge an Futter, die in 10 Hände passen würde. Mit dem Groundbaiter lassen sich Wurfweiten bis 40 Meter gut erreichen, geübte Werfer schaffen sogar bis zu 60 Meter. Der Groundbaiter ist insbesondere dazu geeignet, große Futtermengen auszubringen.

Ein Karpfentraum –
Herrlicher Wildkarpfen
von fast 30 Pfund.

Wurfrohr

Das Wurfrohr ist ein speziell für Boilies entwickeltes Anfütter-
gerät. In der Regel sind diese Wurfrohre aus Aluminium oder
Carbon gefertigt. Durch eine spezielle Krümmung werden die
Boilies beim Wurfvorgang derart beschleunigt und ange-
dreht, dass Wurfweiten bis weit über 100 Meter möglich sind.
Nachteil der Wurfrohre ist allerdings, dass man immer nur
kleine Mengen Boilies füttern kann und andere Köder sich
fast gar nicht damit füttern lassen. Einsatz finden die Wurfrohre immer dann, wenn auf größte Distanz gefüttert werden
muss und das Anfüttern mit einem Boot nicht erlaubt ist.

Montagen

Bei kaum einer Angeltechnik kommen so viele verschiedene Montagen zum Einsatz wie beim Karpfenangeln. Das liegt wahrscheinlich daran, dass immer wieder Spezialisten versuchen, die ultimative Montage zu finden, bei der der Karpfen sicher gehakt wird und auch sehr sicher hängt. Ich habe Ihnen mal die zwei Montagen herausgeschrieben, die bei mir zum Einsatz kommen.

Inline-Blei

Die Montage mit dem Inliner Blei ist sehr simpel. Am Ende des durch das Blei gezogenen Gummischlauchs befindet sich eine Öffnung, in die der Wirbel, an dem das Vorfach montiert ist, hereingezogen werden kann. Damit ist das Blei fest auf der Hauptschnur montiert und der Karpfen kann sich bei einem Biss selbst haken. Im Falle eines Schnurbruchs kann der Karpfen sich aber auch von dem Blei befreien, z. B., wenn es am Grund oder in irgendwelchen Wasserhindernissen hängen bleibt. Er zieht dann einfach den Wirbel aus dem Blei heraus.

Security Rig

Das Security Rig („Sicherheitsvorfach") ist meine Lieblingsmontage. Das Blei, welches mit einem Wirbel versehen ist, wird in einen speziellen Clip eingehängt. Über diesen Clip wird ein Gummi gezogen, um das Ganze zu fixieren. Nun wird der Wirbel mit dem Vorfach in den Clip hineingezogen. Fertig! Das Blei sitzt nun fest auf der Hauptschnur und bei einem Abriss der Hauptschnur kann der Karpfen sich recht problemlos aus seiner Misere befreien, indem er entweder den Wirbel oder das Blei aus dem Clip zieht.

Die Form des Bleies

Auf dem Markt gibt es viele verschiedene Formen von Bleien. Lassen Sie sich nicht irritieren. Ich möchte Ihnen zwei verschiedene Formen empfehlen, mit denen Sie eigentlich immer zurechtkommen.

TIPP

Der Gummischlauch über dem Blei hat folgende Aufgabe: Er soll verhindern, dass sich das Vorfach mit der Hauptschnur oberhalb des Bleies verwickelt. Deshalb wird der Gummischlauch in der Regel auch länger gewählt als das Vorfach. In der Fachsprache nennt man die Gummischläuche „Anti-Tangle-Schlauch" (Anti-Verhedderungs-Schlauch).

Kugelblei

Das Kugelblei kommt bei mir in den meisten Fällen zum Einsatz. Es hat nachweislich den besten Hakeffekt bei der Selbsthakmontage. Das liegt daran, dass der Karpfen, egal aus welchem Winkel er den Köder aufnimmt und davonschwimmt, immer auf den gleichen Widerstand trifft. Ein Kugelblei ist halt rund und kann bzw. muss vom Fisch nicht mehr ein Stück herumgerissen werden, um das ganze Bleigewicht zu erfahren. Aus jedem Winkel wirkt die gleiche Bleimasse. Ferner liegt es auch in normalen Strömungsverhältnissen gut auf dem Grund, ohne davonzutreiben. Also ein absolutes Allroundmodell! Kugelbleie fische ich bevorzugt am Security Rig.

Flatblei

Das Flat- bzw. Flachblei verwende ich nur bei starker Strömung. Ein flaches Blei bietet der Strömung kaum Widerstand und liegt damit gut und sicher am Grund, ohne davonzutreiben. Die Strömung gleitet einfach über das Blei hinweg. Zumeist montiere ich Flatbleie mit der Inline-Montage.

Drill und Landung

Biss und Anhieb

Beim Karpfenangeln mit dem Festblei gibt es zwei unterschiedliche Möglichkeiten, wie ein Biss vonstatten gehen kann. Die wesentlich häufigere Variante ist der so genannte „Run", also ein Biss, bei dem der Karpfen vom Angler weg flüchtet. Dieser Biss sieht in der Praxis so aus, dass sich zuerst die Rutenspitze verneigt, die Freilaufrolle Schnur gibt und der Bissanzeiger piept. Der Karpfen schwimmt mit hohem Tempo vom Angler davon. Bei diesem „Idealbiss" braucht der Karpfenangler gar nicht mehr viel zu machen. Es reicht, wenn er die Rute aufnimmt, den Freilauf deaktiviert – bzw. bei einer Rolle ohne Freilauf und mit aufgedrehter Bremse die Spule festhält – und den Fisch anfängt zu drillen. Der Karpfen hat sich bereits in 99 % der Fälle durch das Gewicht des Bleies und den Bremswiderstand des nun deaktivierten

Freilaufs sicher gehakt. Ein zusätzlicher Anhieb ist nicht mehr
nötig. Er kann sogar falsch sein, z. B., wenn der Fisch nur
ganz knapp hängt – dann kann ein Anhieb den Haken sogar
noch aus dem Maul reißen.

Bei einem so genannten Fallbiss schwimmt der Karpfen
nicht vom Angler weg, sondern auf ihn zu! Das erste Problem
ist damit die Bisserkennung. Die Rutenspitze wird sich nicht
wie bei einem Run schön verneigen und die Freilaufrolle
Schnur geben. Ganz im Gegenteil. Die Schnur erschlafft, die
Rutenspitze streckt sich auf. Hier kommen die so genannten
Swinger zum Einsatz (s. u. „Fallbisse"). Bei einem Erschlaffen
der Schnur schlagen sie nach unten und lassen dadurch den
Bissanzeiger piepen. Nun heißt es für den Angler Rute aufnehmen, die Schnur soweit aufkurbeln, bis Kontakt zum
Fisch aufgenommen wird und dann einen gezielten Anhieb
setzen, der aber nicht zu heftig ausfallen sollte. Karpfenruten
sind ja oft recht kräftig und so hart ist ein Karpfenmaul auch
nicht. Hängt der Fisch, geht der Drill los.

Drill

Beim Drill eines großen Karpfens können Sie sich auf etwas
gefasst machen. Abgesehen davon, dass Karpfen wohl mit
die stärksten einheimischen Fische sind und unglaubliche
Ausdauer besitzen, sind sie Meister im Aufspüren von Unterwasserhindernissen wie alten Bäumen, Wurzeln, Muschel-

**Beim Drill immer Zeit lassen,
sonst geht der Fisch noch verloren.**

kanten usw. Und genau in diese Hindernisse ziehen große und erfahrene Karpfen gerne rein. Deshalb darf ein Karpfendrill nie zu lasch ausfallen. Je länger man dem Fisch Zeit lässt, umso größer ist die Chance, dass er verloren geht. Deshalb drille ich persönlich meine Karpfen recht hart. Länger als 15–20 Minuten habe ich selten einen Karpfen gedrillt. Ich stelle die Rollenbremse so ein, dass sie nur bei einer recht hohen Belastung, also einem starken Durchbiegen der Rute, Schnur gibt. So kann ich den Karpfen gut von Unterwasserhindernissen fern halten, indem ich starken Druck auf ihn ausübe. Erst in der Endphase des „Kampfes", wenn der Karpfen müde wird, öffne ich die Bremse etwas. Das mache ich auch deshalb, weil ich, wenn der Fisch kurz vor dem Kescher ist, mich nicht mehr auf ein effektives Abfedern der Schläge durch die Rute und die kurze Monofilschnur berufen kann. Macht der Karpfen jetzt einen ruckartigen Schlag, kann es sein, dass der Haken doch noch ausschlitzt. Habe ich die Bremse aber etwas geöffnet, gibt sie schnell noch etwas Schnur frei.

Keschern

Beim Keschern des Karpfens, aber jeden anderen Fisches auch, ist darauf zu achten, dass der Fisch über den Kescher gezogen wird und nicht umgekehrt. Dazu wird der Kescher ins Wasser gelassen und der Fisch mit der Rute über den Kescher geführt. Ist er genau darüber, hebt man den Kescher an und der Karpfen ist im Netz. Man sollte grundsätzlich immer darauf achten, dass der Karpfen absolut ausgedrillt ist, also sich müde gekämpft hat. Sonst kann es passieren, dass er nochmal zu einer letzten Flucht ansetzt und der Haken eventuell im Netz hängen bleibt. Der Fisch ist dann in den meisten Fällen weg! Nachdem der Fisch im Netz ist, legt man die Rute beiseite, fasst mit beiden Händen das Keschernetz und hebt den Fisch dann am Netz hoch. Bloß nicht versuchen, den Karpfen mittels Kescherstab hochzuheben! Das kann man vielleicht mit einem Rotauge machen, aber ein 25-Pfund-Karpfen bereitet diesbezüglich doch einige Schwierigkeiten.

**Endlich im Kescher –
Dieser sollte nie zu klein
gewählt werden.**

Verhalten nach dem Fang

Hakenlösen

Der Fisch wird mitsamt des Keschernetzes auf eine Abhak-matte abgelegt. Diese mit Styropor oder anderen weichen Materialien gefüllte Matte soll verhindern, dass der Karpfen sich an Land den Kopf aufschlägt. Falls Sie keine Abhakmatte besitzen und sich auch keine zulegen wollen, sollten Sie aber in jedem Fall darauf achten, dass der Karpfen nicht auf einer harten, trockenen Fläche liegt, wie z. B. Beton oder Holz. Legen Sie ihn vorsichtig ins Gras und halten Sie eine Hand unter seinen Kopf. Der Haken, der ja beim Angeln mit dem Festblei zumeist weit vorne sitzt, wird jetzt mit einer Zange vorsichtig herausgedreht, der Krümmung des Hakens folgend. Bitte nicht gewaltsam herausreißen! Das gibt unschöne Verletzungen.

Wiegen

Gewogen wird der Fisch auf der Abhakmatte oder im Kescher-netz liegend. Bitte hängen Sie keinen Karpfen an seinen Kiemen an den Haken einer Waage! Der Fisch wird sich bei solch einer Aktion übel verletzen.

Foto

Zum Erinnerungsfoto wird der Karpfen mit der einen Hand unter den Brustflossen, mit der anderen Hand unter der Afterflosse gefasst. So kann man ihn gut ausbalancieren. Beim Fotografieren wird der Fisch idealerweise über der Abhakmatte gehalten. Sollte er anfangen zu zappeln und herunterfallen, landet er wenigstens weich.

Zurücksetzen

Nach dem kurzen Fototermin sollte der Karpfen so schnell wie möglich in seine Freiheit entlassen werden. Dazu trägt man ihn vorsichtig auf der Abhakmatte oder im Keschernetz ans Wasser und lässt ihn frei. Sollte der Karpfen noch benommen sein, halten Sie ihn eine Zeit lang gerade, bis er langsam anfängt, fit zu werden und davonschwimmen will. Schieben Sie ihn nun ein wenig an, bis er losschwimmt.

Raubfische – mit Köderfisch und Fetzenköder

Die Angelei auf Raubfische erfreut sich immer größerer Beliebtheit. Das hat verschiedene Gründe. Zum einen schmecken Raubfische zumeist besser als Friedfische, zum zweiten ist Raubfischangeln mit weniger Aufwand verbunden als Friedfischangeln. Anfüttern kann man sich sparen und für Angler, die es aktiv mit der Spinnrute versuchen, fällt sogar das Fangen der Köderfische flach.

Das Fangen der Köderfische

Bevor es mit dem Angeln losgehen kann, wird der Raubfischangler zum Stippangler – Köderfische müssen her. Das funktioniert in den meisten Fällen am besten mit der Stipprute. Allerdings muss man sich vorher im Klaren sein, was für Köderfische man denn verwenden will. Dies hängt natürlich vom Raubfisch selbst ab, den man später beangeln möchte. Hat man vor, auf Barsch zu gehen, ist es unsinnig einen 2-pfündigen Brassen an den Haken zu hängen. Meine Köderfische fange ich, indem ich den Platz mit etwas Stippfutter präpariere. Meist dauert es nicht lange, bis die ersten Köderfische am Platz sind und kurz darauf auch schon am Haken hängen.

An manchen Gewässern ist es dem Angler sogar gestattet, Köderfische mit dem Senknetz zu fangen. Das ist ein ca. 1 qm großes Netz, das mit 4 Streben versehen, an einer Schnur ins Wasser herabgelassen wird. Nach einiger Zeit, wenn sich eine gewisse Zahl an Kleinfischen am Platz eingefunden hat, wird das Netz wieder angehoben und die Kleinen liegen dann auf der Senke.

Aufbewahren der Köderfische

Ihre Köderfische sollten Sie entweder sofort nach dem Fang waidgerecht töten oder in einem geeigneten Behältnis lebendig hältern. Dabei sollten Sie aber immer bedenken, dass es sich bei den Köderfischen genauso um Lebewesen handelt wie bei jedem anderen Fisch auch.

Fetzenköder

Aus jedem Köderfisch lassen sich Fetzenköder fertigen. Sie können sowohl mit dem Kopf, dem Mittelstück oder auch mit dem Schwanzteil des Köderfisches angeln. Besonders auf Barsch und Aal sind Fischfetzen oft fängiger als ganze Köderfische. Ein großer Vorteil dieser Köder ist, dass es weniger Fehlbisse gibt, da der Raubfisch sie schneller schlucken kann als einen ganzen Fisch. Außerdem riechen sie, da angeschnitten, intensiver und sind für Räuber oft besser zu orten.

Welchen Köderfisch für welchen Raubfisch?

Die Wahl des Köderfisches hängt in erster Linie davon ab, welchen Raubfisch man letztendlich befischen möchte. Es wäre also unsinnig, es auf Barsch mit einem pfündigen Rotauge zu versuchen und Wallern mit einer 5 cm langen Laube nachzustellen. Passen Sie die Ködergröße der zu beangelnden Fischart an. Hierzu eine kleine Tabelle als Anhalt:

TIPP

Es gibt spezielle Köderfischeimer mit Deckel und Sauerstoffpumpe. Hier hältern Sie Ihre Köder richtig und vor allem bleiben sie darin schön frisch. Des Weiteren können Sie die Fischchen, die sie nicht verangelt haben, wieder in ihre Freiheit entlassen.

TIPP

Köderfische einfrieren? Selbstverständlich können Sie Köderfische auch einfrieren. Das erspart Ihnen den Köderfischfang vor jedem Angeltrip. Ich habe allerdings die Erfahrung gemacht, dass frische Köder am besten fangen und vor allem auch besser am Haken halten. Nach dem Auftauen werden gefrorene Köder nämlich oft sehr weich. Wenn es geht, also frisch!

Beangelter Raubfisch	Geeigneter Köderfisch & Größe	Köderfische fängt man mit
Aal	Lauben, Kaulbarsche und Rotaugen bis ca. 10 cm, sehr gerne Fetzenköder	Maden
Barsch	Lauben und Rotaugen bis ca. 10 cm, sehr gerne Fetzenköder	Maden
Hecht	Rotaugen und Brassen von 15–25 cm	Maden und Mais
Zander	Lauben, Kaulbarsche und Rotaugen von 10–20 cm Länge, gerne auch Fetzenköder	Maden und Mais
Wels	Rotaugen, Brassen, Karauschen, Döbel etc. ab 20 cm. Großwaller schaffen auch 3-Pfünder-Brassen!	Maden und Mais

TIPP

Lösen Sie Ihre Hänger bloß nicht über die Rute. Gerade bei geflochtenen Schnüren führt das zum Rutencrash. Greifen Sie die Schnur am besten mit einem alten Arbeitshandschuh und ziehen Sie damit. Das ist gut für die Rute und das Rollengetriebe.

Große Köder – große Fische!

Natürlich können Sie z. B. Zander auch mit fingernagelgroßen Laubenfetzen fangen. Allerdings wird dann die Mehrzahl der gefangenen Exemplare untermaßig sein und eventuell den Haken so tief schlucken, dass sie nicht unbeschadet zurückgesetzt werden können. Passen Sie also die Ködergröße an. Ich habe die Erfahrung gemacht: Große Köder – große Fische, kleine Köder – kleine Fische! Und falls doch mal ein kleiner Räuber zupacken sollte, können Sie diesen wahrscheinlich unproblematisch vom Haken lösen und zurücksetzen, da kleinere Fische, die auf große Köder beißen, in der Regel weit vorne im Maul hängen.

Montieren der Köderfische

Es gibt eine Vielzahl an Methoden der Köderfischmontage. Die folgenden Techniken haben sich als besonders effektiv erwiesen:

TIPP

Der Gerätegroßhändler und Biologe Roland Lorkowski hat festgestellt, dass Zander ihre Opfer gerne mit dem Schwanz zuerst schlucken? Ködern Sie also ruhig beim Zanderangeln den Köderfisch mit dem Haken am Schwanzende an. Dann kriegen Sie wahrscheinlich weniger Fehlbisse.

Lippenköderung

Die Lippenköderung ist besonders bei kleinen Köderfischen bis ca. 10 cm zu empfehlen. Wie es der Name schon vermuten lässt, wird hierbei der Haken durch die Lippen des Köderfisches gezogen. Da die meisten Raubfische ihre Opfer mit dem Kopf zuerst schlucken, ist es nicht nötig, lange mit dem Anhieb zu warten.

Nach ein paar regelmäßigen Zupfern an der Rutenspitze kann der Anhieb bereits gesetzt werden.

Aufziehen mit der Ködernadel

Bei dieser Methode wird der Köderfisch in seiner gesamten Länge auf das Vorfach gezogen. Dazu befestigt man das Ende des Vorfachs an der Öse der Ködernadel und führt diese nun durch das Maul des Köderfisches bis zur Afterflosse hindurch. Anschließend zieht man das Vorfach so weit, bis nur noch der Haken aus dem Maul des Fischchens herausschaut. Diese Methode ist geeignet für Köderfische bis zu einer Größe von etwa 15 cm. Im Gegensatz zur Lippenanköderung sollte man bei einem Anbiss aber doch länger warten, bis man einen Anhieb setzt. Aber nicht zu lange, sonst hat der Fisch den Köder zu tief geschluckt und ist böse verletzt. Das ist besonders dann ärgerlich, wenn es sich um untermaßige Exemplare handelt oder man sowieso zurücksetzen möchte.

Drillingsmontage

Die Drillingsmontage kommt beim Fischen mit großen Köderfischen ab 15 cm in Betracht. Auf das Vorfach montiert man anstatt eines Einzelhakens 2 Drillinge. Der obere Drilling wird mit einer Flanke im hinteren Drittel auf der rechten Körperhälfte des Köderfisches eingepiekst, den unteren Drilling befestigt man auf der rechten Körperhälfte in Kopfnähe. So hat man alle Berciche des Köderfisches abgedeckt, und selbst wenn ein Raubfisch den Köder nun im hinteren Körperbereich packt, hat man noch gute Chancen, einen gelungenen Anhieb zu setzen.

Fetzenköder

Fetzenköder biete ich am liebsten an einem großen Einzelhaken an, den ich einfach durchziehe. Es ist aber auch möglich, Fetzenköder mit der Ködernadel aufzuziehen. Beide Varianten funktionieren gut. Das einfache Durchpieksen mit dem Haken bereitet aber weniger Aufwand.

Welse gehen gerne auf Köderfisch – wie dieser 100 Pfünder aus dem Ebro.

Welche Hakengröße und Montage für welchen Köderfisch

Köderfischgröße	Montage	Hakengröße und -art
bis 10 cm	Lippenköderung	Einzelhaken der Größe 1–2
bis 15 cm	Lippenköderung oder Aufziehen mit Ködernadel	Einzelhaken der Größe 1/0–2/0
über 15 cm	Montage mit 2 Drillingen	Drillinge ab Größe 1

Angeln mit dem Grundblei

Mit dem Grundblei angelt man, wie der Name es schon vermuten lässt, unmittelbar am Gewässergrund. Damit sind die Zielfische alle Räuber, die sich vorwiegend am Grund aufhalten und dort ihre Nahrung zu sich nehmen. Typische „Grundräuber" sind Zander, Aale und Welse, aber auch Barsche, Hechte, Rapfen und Döbel nehmen gelegentlich einen am Gewässergrund präsentierten Happen zu sich.

Toller Winterzander von
89 cm und 15 Pfund!

Das Laufblei

Das Grundangeln mit dem Laufblei dürfte wohl die gängigste Variante sein, Raubfischen mit dem toten Köderfisch nachzustellen. Die Montage ist denkbar einfach. Auf die Hauptschnur – ich empfehle eine dünne geflochtene Schnur mit einer Tragkraft zwischen 10 und 15 kg – fädelt man ein einfaches Grundblei mit Durchlauf. Das Gewicht des Bleies hängt von der Gewässertiefe und den Strömungsverhältnissen, in denen man fischt, ab. An das Ende der Hauptschnur knotet man einen Wirbel mit einem stabilen Karabiner. Dieser ermöglicht ein einfaches Wechseln und Befestigen des Vorfaches. Als Vorfachmaterial dient ebenso eine geflochtene Sehne, die in der Tragkraft etwas unter der Hauptschnur liegen sollte. Falls man einen Hänger am Grund bekommt, reißt dann zuerst das Vorfach und nicht die Hauptschnur, so dass man das Grundblei und den Wirbel noch retten kann. Das Vorfach sollte eine Länge von 70–100 cm haben. Dann hat der Raubfisch bei der Köderaufnahme etwas mehr Spielraum als bei einem kurzen Vorfach und er merkt nicht sofort den Widerstand der Rutenspitze. Ans Ende des Vorfaches knüpft man einen extrem scharfen, nicht zu kleinen, am besten silberfarbenen Einzelhaken. Der Haken muss sehr scharf sein, da die meisten Raubfische ein hartes Maul haben, in das ein stumpfer Greifer gar nicht eindringt. Ich fische generell lieber mit einem etwas größeren Haken. Einfach nur deshalb, weil die Chance, dass ein großer Haken beim Anhieb greift, wesentlich höher ist. Wird der Haken zu klein gewählt, gibt es Fehlbisse. Weniger Bisse bekomme ich bei einem größeren Greifer nicht. Die silberne Hakenfarbe dient ganz einfach der Tarnung. Sie kommt der Farbe des Schuppenkleides der Köderfische am nächsten.

Angeln mit der Auftriebsmontage

Eine interessante und oftmals auch sehr erfolgreiche Variante ist es, eine Auftriebsmontage zu verwenden. Im Grunde handelt es sich hierbei um eine ganz normale Laufbleimontage, allerdings wird der Köderfisch „aufgepoppt", das bedeutet, er wird vom Grund angehoben. Damit ist er für Räuber leichter auszumachen als ein am Grund liegender Happen und er ist

für den Raubfisch leichter aufzunehmen. Besonders in Fließ-
gewässern wedelt ein schwebender Köderfisch verführerisch
über dem Grund. Zum „Aufpoppen" gibt es verschiedene
Methoden. Eine Möglichkeit ist es, mittels einer in jeder Apo-
theke erhältlichen Spritze, Luft in den Fischkörper zu pum-
pen. Das klappt in den meisten Fällen ganz gut. Allerdings
wird die Luft nach einiger Zeit wieder entweichen und der Köderfisch liegt dann wieder am Grund. Eine weitere Möglichkeit ist die Verwendung von Kork oder Balsaholz, welches
durch das Maul in den Fischkörper eingeführt wird. Kork
oder Balsaholz bekommt man für wenig Geld in jedem Bas-
telgeschäft. Eine dritte Möglichkeit ist die Verwendung von
Unterwasserposen. Diese zumeist aus Schaumstoff beste-
henden Auftriebskörper werden ca. 10 cm vor dem Köder auf
das Vorfach montiert und lassen den Köderfisch sehr zuverlässig auftreiben. Nachteil ist, dass die Dinger sehr auffällig
sind. Besonders vorsichtige Räuber wie Zander könnten einem dies übel nehmen und den Köder meiden. Super eignet
sich das Fischen mit der Auftriebsmontage für das Angeln
auf Wels. Alternativ zu den Köderfischen können Sie auch
auf einen großen Einzelhaken 10–15 Tauwürmer aufziehen.
Absolut tödlich für Waller, gerade kurz nach der Laichzeit!

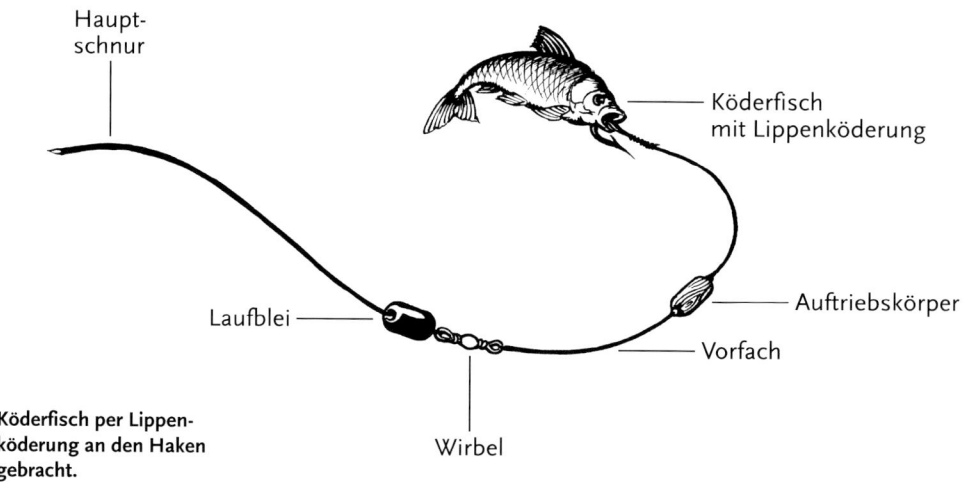

Haupt-
schnur

Köderfisch
mit Lippenköderung

Laufblei

Auftriebskörper

Vorfach

Wirbel

**Köderfisch per Lippen-
köderung an den Haken
gebracht.**

Angeln mit fester Bremse

In den meisten Fällen können Sie beim Grundangeln mit fester Bremse fischen. Hierbei lassen Sie sich den Biss eines Raubfisches über die Rutenspitze anzeigen. Nach dem Auswurf wird erst einmal gewartet, bis die komplette Montage auf den Gewässergrund abgesunken ist. Dann legen Sie die Rute auf den Rutenständer ab und spannen nun durch Einkurbeln die Schnur, bis die Rutenspitze leicht gebogen ist. Wenn sich ein Raubfisch für Ihren Köder interessiert, wird die Rutenspitze anfangen zu zucken.

Sie sollten mit einem Anhieb so lange warten, bis die Rutenspitze stetig ruckelt. Der Raubfisch hat dann wahrscheinlich den Köder gepackt und beginnt damit, ihn sich einzuverleiben. Warten Sie grundsätzlich aber auch nicht zu lange mit dem Anschlag! Gerade Zander sind Meister darin, einen Köderfisch wieder auszuspucken. Außerdem besteht bei zu langem Warten die Möglichkeit, dass untermaßige Räuber, insbesondere beim Angeln mit Fischfetzen, sehr tief schlucken und dann so stark verletzt werden, dass ein Zurücksetzen sinnlos wäre. Nach einiger Zeit werden Sie aber ein Gefühl für den richtigen Zeitpunkt des Anhiebs entwickelt haben.

Angeln mit Freilauf

In Stillgewässern oder generell dort, wo Raubfische sehr stark befischt werden, kann es vorkommen, dass die Räuber sehr vorsichtig geworden sind. In diesem Fall kann es notwendig werden, mit Freilauf zu angeln. Das Prinzip ist einfach. Nach dem Auswurf spannt man zuerst einmal die Schnur, so dass man direkten Kontakt zum Köder erhält. Anstatt einer Bissanzeige über die Rutenspitze lässt man die Bremse aber auf, bzw. stellt bei Freilaufrollen den Freilauf so fein ein wie möglich und lässt sich einen Biss über die Rolle signalisieren. Der Räuber kann nun ungehindert den Köder aufnehmen und Schnur abziehen. Im Gegensatz zum Fischen mit einer festen Bremseinstellung, wie bei der Bisserkennung über die Rutenspitze, wird die Angelrute nicht hoch auf den Rutenständer abgelegt, sondern so flach wie möglich. So verspürt der Räuber weniger Widerstand.

Der richtige Zeitpunkt
für den Anhieb

Ein Biss an der Freilaufrolle läuft zumeist folgendermaßen ab: Der Raubfisch nimmt den Köder auf und schwimmt ein kleines Stück damit weg. Von unserer Rolle läuft nun Schnur ab. Für einen Anhieb ist es jetzt noch zu früh, da der Räuber unseren Köder in den meisten Fällen erst einmal gepackt hat und ein paar Meter damit schwimmt. Dann stoppt er und beginnt unseren Köder zu schlucken. Wenn er dann wieder beginnt loszuschwimmen und unsere Rolle ein zweites Mal anfängt zu rotieren, ist der richtige Zeitpunkt für den Anhieb gekommen. Denken Sie aber dran: Erst den Freilauf deaktivieren, bzw. bei geöffneter Bremse diese erst schließen oder die Rollenspule festhalten! Sonst rotiert die Spule beim Anhieb rückwärts und das gibt dann meistens eine ganz üble Schnurperücke.

Angeln mit der freien Leine

Bei dieser Angeltechnik wird, wie der Name es schon vermuten lässt, auf alles, bis auf Haken, Schnur und Köder, verzichtet. Der Köderfisch wird also ohne Blei, Wirbel etc. ausgeworfen und den Räubern präsentiert. Zur Bisserkennung wird der

Die freie Leine ist vor allem für vorsichtige Zander erste Wahl.

Rollenbügel geöffnet und in die Schnur wird zusätzlich ein Stück Alufolie oder Ähnliches eingehängt. Gibt es einen Biss, wird das Stück Papierfolie anfangen zu wandern. Der Anschlag sollte etwa zum gleichen Zeitpunkt gesetzt werden wie beim Fischen mit der Freilaufrolle. Zu dieser Technik ist zu sagen, dass sie sich hervorragend eignet, um die absolut vorsichtigsten Räuber zu überlisten, da diese bei der Köderaufnahme so gut wie keinen Widerstand spüren können. Nachteil ist allerdings, dass diese Methode beim Fischen in Strömung oder bei Wind nicht mehr gut funktioniert. Der Köderfisch wird durch die Strömung permanent vom Angelplatz getrieben, bzw. die frei hängende Schnur wird durch den Wind hin und her geblasen, was eine effektive Bisserkennung so gut wie unmöglich macht.

Vor dem erfolgreichen Angeln steht selbstverständlich die Wahl eines geeigneten Platzes. Ich kann Ihnen diesbezüglich zwar kein Patentrezept geben – jedes Gewässer hat seine Eigenheiten – jedoch einige Anhaltspunkte, die Ihnen das Auffinden guter Plätze vereinfachen.

Die Wahl des Angelplatzes

- Achten Sie auf prägnante Punkte im Gewässer. Das können Sandbänke, überhängende Bäume oder Wurzeln, Schilfkanten, Inseln, Kehrströmungen oder Ähnliches sein.
- Beobachten Sie den Strömungsverlauf: Gerade dort, wo die Strömungskante verläuft, also der ruhige Bereich des Gewässers sich mit der Strömung bricht, findet man die „Hot-Spots". Das sind die Plätze, an denen die Räuber bevorzugt auf die Jagd gehen.
- Achten Sie auf Kleinfische: Wo die sich aufhalten, sind Raubfische nicht weit ...
- Halten Sie Ausschau nach jagenden Raubfischen. Diese erkennt man entweder dadurch, dass sie sich an der Oberfläche zeigen, oder durch flüchtende oder springende Kleinfische. Hier sollten Sie mal einen Versuch wagen ...

Das Gerät zum Grundangeln mit dem toten Köderfisch

Rute

„Die" Rute zum Angeln mit Köderfisch gibt es nicht. Sie können sowohl mit kurzen, weichen Ruten von ca. 2,40 m Länge den Räubern nachstellen, sich aber auch mit einem 4,00 m langen Brandungsknüppel ans Wasser setzen. Ich empfehle Ihnen es mit einer leichten Karpfenrute zu versuchen. Zum Fischen auf Barsch, Aal und Zander reichen 3,60 m – 3,90 m lange Ruten mit einem Wurfgewicht von 45 Gramm bzw. einer Testkurve von 1,5 – 2 lbs völlig aus. Für das Fischen auf Hechte sollten Sie allerdings zu einem kräftigeren Modell mit einem Wurfgewicht von ca. 80 Gramm bzw. einer Testkurve von 2,5 – 3 lbs greifen, da Sie hier größere Köderfische werfen müssen und die Hechte weitaus besser kämpfen als die zuvor genannten Räuber.

TIPP

Das Vorfach sollte in allen Fällen zwischen 70 und 100 cm lang sein. Besonders gut eignen sich 49- oder 19-fädrige Materialien, die sehr weich sind – fast weicher als ein 30er Monofilvorfach.

TIPP

Bei extremer Strömung sollte man die Verwendung eines eigentlich für die Brandungsangelei im Meer gedachten Krallenbleies in Betracht ziehen. Diese mit Krallen versehenen Bleie greifen richtig in den Grund und liegen selbst in stärkster Strömung sehr sicher.

Rolle

Mit einer mittelgroßen Stationärrolle, die ca. 100 m 35er Schnur fassen sollte, sind sie gut bedient. Für alle Fälle gerüstet sind Sie mit einer mittelgroßen Freilaufrolle. Diese kosten mittlerweile auch nicht mehr als herkömmliche Rollen und werden fast von jedem Hersteller angeboten. Achten Sie in jedem Fall auf eine gut funktionierende und ruckfrei arbeitende Bremse. Gerade Hechte machen manchmal unberechenbare, explosive Fluchten vor der Landung. Wenn die Bremse nicht sauber läuft, ist der Hecht dann weg!

Schnur und Vorfach

Ich fische am liebsten mit einer geflochtenen Schnur. Eine 0.20er reicht von der Tragkraft absolut aus, um auch mal einen bösen Hänger zu lösen. Alternativ tut es aber auch eine 0.30er bis 0.35er Monofilschnur. Diese hat gegenüber der Geflechtschnur sogar den Vorteil, dass sie abriebfester ist, also bei scharfen Steinen und Muscheln nicht so schnell aufscheuert. Eine Geflochtene hat wiederum den Vorteil, dass sie so gut wie keine Dehnung besitzt und damit Anhiebe besser durchkommen. Gutes Vorfachmaterial ist in der Regel das Gleiche wie die Hauptschnur, nur eine Stärke schwächer. Sind viele Hechte im Gewässer, sollten Sie auf jeden Fall zu einem Stahlvorfach greifen. Mit allen anderen Materialien macht Esox ganz kurzen Prozess.

Blei

Beim Fischen im Stillwasser ist die Form des Bleies meiner Ansicht nach zweitrangig. Das Gewicht sollte immer gerade so gewählt werden, dass der Köder gut auf den Grund kommt, der Raubfisch aber bei der Köderaufnahme möglichst wenig Widerstand spürt. Man sollte nach der Prämisse handeln: „So schwer wie nötig, so leicht wie möglich!" Damit fährt man eigentlich am besten. Beim Angeln im Fließwasser muss das Blei unbedingt so schwer gewählt werden, dass die komplette Montage erstens gut auf den Grund kommt und zweitens auch liegen bleibt. Gerade beim Köderfischangeln in großen Flüssen hat man oft das Problem, dass die Berufsschifffahrt mit ihren großen „Pötten" extrem starken Sog erzeugt, der ein zu leichtes Blei wie nix vom Platz reißt. Dem kann man auch dadurch vorbeugen, dass man ein Blei benutzt, welches der Strömung extra wenig Angriffsfläche bietet. „Flatliner", also Flachbleie meistern diese Aufgabe mit Bravour. Aber auch schlanke Oliven funktionieren recht gut.

TIPP

Wichtiges Zubehör:
Unbedingt dabei haben sollten Sie auch einen Hakenlöser, Ködernadel, eine Zange, Schere und einen Eimer mit Sauerstoffpumpe zum Hältern der Köderfische.

Wirbel

Ein Faktor, bei dem immer gerne gespart wird, ist der Wirbel. Es ist besonders wichtig, auf die Stabilität des Produktes zu achten. Der Teil, bei dem die meisten Materialfehler auftreten, ist der Einhänger des Wirbels. Achten Sie darauf, das Sie ein stabiles Model, ruhig mit einer etwas größeren Drahtstärke verwenden. Sonst ist nachher das Gejammer groß, wenn der Einhänger sich beim Drill eines großen Fisches entweder aufgezogen oder geöffnet hat. Der Fisch ist dann nämlich weg!

Haken

Im Fachhandel gibt es eine Vielzahl spezieller Haken zum Angeln mit Köderfisch. Wichtig ist, dass man darauf achtet, dass die Greifer eine nadelscharfe Spitze besitzen. Auch bietet es sich an, die Haken in Silber oder Nickelfarbe zu wählen, da diese sich vom ebenfalls silbrig glänzenden Köderfisch weniger deutlich in der Farbe abheben, als dies ein z. B. schwarzes Modell tun würde. Generell bevorzuge ich lieber größere Modelle. Diese greifen einfach besser als ein kleiner Haken und es gibt weniger Fehlbisse. Ob Sie Hakenmodelle mit oder ohne Öhr verwenden ist den Fischen egal. Ich fische nur Öhrhaken, weil diese sich leichter binden lassen.

Rutenständer

Herkömmliche Rutenständer, die man einfach in den Boden rammt, sind selbstverständlich ausreichend. Ich verwende aber wesentlich lieber ein Dreibein mit einer Querauflage, auf das ich meine beiden Ruten ablege. Dreibeine stehen nämlich sehr sicher und sind vor allem auf jedem Untergrund einsetzbar. Spätestens beim Versuch, einen normalen Rutenständer am Ufer eines Flusses mit Steinpackung einzupieksen, werden auch die hart gesottensten Befürworter dieser Modelle sich ein Dreibein wünschen.

TIPP

Bei allen Köderfischen sollte vor dem Fischen die Schwimmblase durchstochen werden. Sonst kann es passieren, dass die Fischchen völlig unnatürlich hin und her dümpeln.

Angeln mit der Stellfischrute

Die Montage und das Gerät zum Posenangeln

Flussangler haben es beim Posenangeln auf Hecht leichter als ihre Kollegen, die ein Stillgewässer absuchen müssen. Schließlich können sie die Strömung ausnutzen, um dem Köderfisch Leben einzuhauchen. Aber auch im Stillwasser lässt sich diese Technik anwenden.

Zum Einsatz kommt dabei eine 6–7 m lange Rute mit einem Wurfgewicht zwischen 50 und 150 Gramm. Diese Ruten sind sehr schwer. Auf die Rute montiert man eine mittelgroße bis große Stationärrolle, auf die man entweder eine 0.35er Monofil oder eine 0.20er Geflochtene aufspult. Von beiden Sorten sollte sie aber in jedem Fall ca. 150 m fassen. Als Pose kommt ein spezieller Hechtschwimmer zum Einsatz, meistens richtig dicke Proppen, die zwischen 20 und 40 Gramm Tragkraft haben können. Ausbleien können Sie die Montage mit kleineren Grundbleien mit Durchlauf. Dann kommt der Wirbel, am besten ein stabiles Modell. Den Knoten, der den Wirbel mit der Hauptschnur verbindet, schützt man mit einem kleinen Stück Silikonschlauch, den man einfach darüber zieht. So kann dieser nicht durch das Blei beschädigt werden. Jetzt kommt – ganz wichtig – ein langes Stahlvorfach.

Wie bereits beim Grundangeln mit dem Köderfisch erwähnt, machen Hechte mit jedem anderen Material als Stahl kurzen Prozess. Also auf jeden Fall ein Stahlvorfach benutzen! Was die Haken angeht, gelten hier ähnliche Regeln wie beim Grundangeln. Sowohl Einzelhaken als auch Drillingshaken sind gut geeignet. Allerdings sollte man bei der Verwendung eines Einzelhakens den Köderfisch nicht der Länge nach mit der Ködernadel aufziehen, sondern am besten in Nähe der Rückenflosse, unterhalb des Rückgrates, durchstechen. Und zwar derart, dass der Köderfisch aufrecht – das wirkt am natürlichsten – im Wasser steht. Bei größeren Köderfischen verwendet man eine Montage mit 2 Drillingen (siehe Drillingsmontage S. 41). Auch hier montiert man die Haken so, dass eine aufrechte Position des Köders erreicht wird.

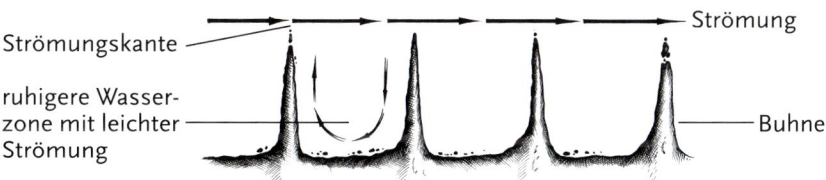

Strömungskante

ruhigere Wasser-
zone mit leichter
Strömung

Strömung

Buhne

Der typische Strömungs-
verlauf in einem Buhnenfeld

Die besten Plätze

Beim Posenangeln ist es sehr wichtig, die Räuberstandorte
zu erkennen. Dabei gelten die gleichen Regeln wie beim
Grundangeln. Achten Sie auf prägnante Punkte im Gewässer
und natürlich auch darauf, ob Sie irgendwo im Gewässer
Raubfische bei der Jagd beobachten können! Dann wird Ihr
Erfolg nur eine Frage der Zeit sein. Sehr gut funktioniert es,
die Pose an einer Strömungskante entlangtreiben zu lassen.
Der Köder ist dadurch immer in Bewegung.

Führung des Köders und Anhieb

Nach dem Auswurf lässt man den Köder entweder einfach
am Platz stehen – das funktioniert besonders mit einer langen Rute sehr gut – oder man lässt ihn, beim Flussangeln,
entlang der Strömungskante abtreiben und wartet auf einen
Biss. Der Schwimmer sollte so eingestellt werden, dass der
Köderfisch ca. 1 m über dem Gewässergrund taumelt. Rauben die Hechte in Ihrem Gewässer gerne an der Oberfläche,
kann der „Köfi" auch knapp unter der Oberfläche angeboten
werden. Bei einem Biss wird der Schwimmer zumeist mit einem kurzen Ruck unter Wasser gezogen und verharrt dann
erst einsam auf der Stelle. Der Raubfisch hat nun den Köderfisch gepackt und beginnt, ihn zu schlucken. Kurz darauf
wird er mitsamt der Pose davonschwimmen. Jetzt ist der
richtige Zeitpunkt für den Anhieb gekommen! Im Gegensatz
zum Friedfischangeln werden die Nerven des Anglers beim
Posenangeln auf Raubfisch oft einer starken Prüfung unter-
zogen. Während beim Friedfischangeln ein früher Anschlag
wichtig ist, weil der Fisch den Köder sonst wieder loslässt,
muss man beim Angeln mit Köderfisch schon etwas Geduld
aufbringen. Aber auch nicht zu lange ausharren! Wartet man
allzu lange, kann es sein, dass insbesondere vorsichtige Räuber wie Zander den Köderfisch loslassen.

TIPP

Ein toller Trick, um Ihrem Köderfisch etwas Leben einzuhauchen, ist es, ihn gelegentlich
mit der Rute durch kurze Schläge hin und her zu rucken. Dadurch taumelt er verführerisch
in der Strömung und suggeriert
so dem Räuber, dass doch noch
etwas Lebensenergie in ihm
steckt. Ich habe immer viele
Bisse genau in dem Moment
erhalten, in dem ich den Köderfisch „geruckt" habe!!

Raubfische – das Spinnfischen

Spinnfischen – so bezeichnet man weitläufig das aktive Angeln mit Kunstködern. Unter Spinnangeln versteht man damit also nicht nur das Fischen mit Spinnern und Blinkern, sondern auch das Angeln mit Wobblern, Gummiködern, Systemen – sogar das Schleppen gehört im Großen und Ganzen zum Spinnfischen.

Alle diese Techniken haben eines gemeinsam: Anstatt mit natürlichen Ködern – sprich Köderfischen, Würmern etc. – den Räubern nachzustellen, versucht man es mit künstlichen Imitaten der natürlichen Beute. Auch die Aktivität unterscheidet das Spinnfischen vom Grund- oder Posenfischen auf Raubfische. Man ist ständig in Bewegung, wirft verschiedene Plätze an, marschiert am Ufer des Gewässers entlang – ständig auf der Suche nach einem aktiven Raubfisch. Damit ist man natürlich extrem flexibel. Kommt dann ein Biss, ist man wie elektrisiert. Man merkt die Attacke eines Räubers eben nicht nur, weil die Rutenspitze zuckt oder die Pose untergeht – man spürt den Angriff des Raubfisches direkt und unmittelbar in der Rutenhand! Ein direkteres Angeln ist nicht mehr möglich. Ich jedenfalls bin vom aktiven Angeln mit der Spinnrute fasziniert. Beim Spinnfischen habe ich meine größten Erfolge gefeiert und meine größten Räuber habe ich mit dem Kunstköder überlistet. Auch die große Bandbreite der verschiedenartigsten Köder ist klasse. Spinnfischen ist nicht unbedingt erfolgreicher als das Angeln mit Naturködern. Beide Varianten haben ihre Daseinsberechtigung. Mal kann die eine Technik funktionieren, mal die andere. Eben diese Variabilität macht unser Hobby aus. Auch wenn Sie lieber mit Köderfischen angeln oder einfach bisher noch nicht viel Erfolg mit Kunstködern hatten, sollten Sie das Angeln mit der Spinnrute mal ausprobieren. Bei korrekter Köderführung kann es sehr erfolgreich sein.

Blinker und Spinner

Blinker und Spinner sind wohl die ältesten Kunstköder, die es auf dem Markt gibt. Blinker bestehen im Grunde aus nichts anderem als einem Stück Metall, das in eine bestimmte Form gebogen wurde, damit es beim Ziehen durchs Wasser eine gewisse Bewegung entfaltet. An beiden Enden wird das Blechstück durchbohrt, durch die Löcher Sprengringe geführt, an dem einen Ring ein Wirbel und an dem anderen ein Haken befestigt. Fertig! Es gibt längliche, gedrungene, dickblechige, dünnblechige, leichte und schwere Blinkermodelle.

Blinker gibt es in allen Größen. Es gibt riesige, mehr als 15 cm lange Blinker, mit einem Gewicht von über 90 Gramm, die zum Fang von Welsen gedacht sind, und es gibt winzige, wenige Gramm schwere Modelle, mit denen man auf Forellen und Barsche fischt. Bei allen Blinkern ist aber eines wichtig: Dass sie sich unter Wasser schön hin und her bewegen bzw. taumeln. Damit wird dem Räuber suggeriert, es handele sich um ein kleines, krankes Fischlein – leichte Beute also. Dies verleitet ihn dann häufig zum Biss.

Spinner sind die nächsten Verwandten der Blinker und fast ebenso lange auf dem Markt. Das Herzstück der Spinner ist also ihr Spinnerblatt. Dieses ähnelt in der Form der eines Blinkers. Allerdings ist das Spinnerblatt mit dem einen Ende auf ein Stück stabilen Draht montiert, so dass es sich beim Führen durchs Wasser um die Spinnerachse herumdrehen kann. Am oberen Ende der Metallachse ein Wirbel und am unteren ein Drillingshaken komplettieren den Köder. Spinner reizen den Raubfisch nicht alleine durch die Bewegung, die von ihnen ausgeht, sondern insbesondere auch durch die zum Teil starken Druckwellen, die sie erzeugen.

TIPP

Ich selbst habe schon mit Blinkern gefischt, die ich mir aus einem alten Esslöffel gebastelt habe. Der Fantasie sind keine Grenzen gesetzt.

Glücklicher Angler
mit großem Fang: Bitte lächeln!

TIPP

Verwenden Sie statt nur einem Sprengring mal 2 Sprengringe am Drillingshaken. Damit können sich Räuber nicht mehr so leicht vom Haken drehen und es gehen weniger Fische im Drill verloren!

TIPP

Um das Hängerrisiko möglichst gering zu halten, sollten Sie nach dem Auswurf die Sekunden zählen, die der Köder braucht, um den Gewässergrund zu erreichen. Auf dem Grund angekommen ist der Köder, wenn die im Absinkvorgang gespannte Schnur plötzlich erschlafft. Nach dem nächsten Auswurf beginnen Sie einfach eine oder 2 Sekunden früher mit dem Einkurbeln des Köders, als Sie vorher ausgezählt haben.

Gerade nach einem Hochwasser sind die Räuber oft sehr aggressiv.

Köderführung

Spinner und Blinker werden grundsätzlich sehr simpel geführt: Der Köder wird ausgeworfen und dann einfach wieder eingekurbelt. Dabei entwickelt er seine bereits oben genannte Aktion – beim Spinner dreht sich das Blatt um die eigene Achse, Blinker taumeln hin und her – und verleitet die Raubfische zum Angriff. Neben dieser einfachen Führungsweise lassen sich Blinker und Spinner aber auch sehr variabel präsentieren. Gewöhnen Sie sich ruhig an, das Einkurbeltempo zu variieren. Kurze Stopps beim Einholen oder plötzliche „Sprints" des Köders animieren unentschlossene Raubfische oft zum Biss. Auch sollten Sie sich merken: Gerade die großen Räuber stehen oft dicht am Grund. Lassen Sie also nach dem Auswurf den Köder ruhig ein wenig absinken, bis sie mit dem Einholen beginnen.

Auch wenn die Gefahr steigt, eventuell mal einen Blinker oder Spinner am Gewässergrund festzuhaken und abzureißen. Ein wenig Verlust gehört dazu! Auch die Stellung der Rute trägt entscheidend zum Lauf des Köders bei. Wenn Sie die Rutenspitze nach oben halten, läuft der Köder flach, halten Sie die Spitze nach unten, wird der Köder wesentlich tiefer laufen. Das Hochhalten der Rute empfiehlt sich insbesondere dann, wenn Sie in sehr flachen Gewässern mit oftmals üblen Hindernissen fischen. So lassen sich Hänger weitestgehend vermeiden. Sollte Sie trotz aller Vorsicht ein Hänger ereilt haben, versuchen Sie nicht, diesen mit der Rute zu lösen. Das führt gerne mal zum Rutenbruch oder kaputten Rollen. Lieber an der Schnur ziehen. Das klappt besser und ist deutlich sicherer!

Fischart	Wels	Hecht	Zander	Barsch Döbel und Forelle	Rapfen und Meerforelle
Ködergröße und Gewicht	Große, aber dünnblechige und leichte Blinkermodelle zum Abfischen der Uferregionen, schwere dickblechige Modelle zum Fischen in Grundnähe. Spinner der Größe 5 oder größer.	Große Blinker und Spinner. Besonders gut „Z-Blinker" und große Spinner mit Weidenblatt.	Mittelgroße Spinner und Blinker, die allerdings schwer genug sein müssen, um gut auf den Grund zu kommen. Bevorzugt Weidenblatt- spinner.	Kleine und leichte Spinner und Blinker. Gerne mit roten Streifen und Punkten als Aufdruck.	Lange und schlanke aber dennoch recht schwere Blinker in Silbertönen, die sehr weit geworfen werden können.
Köderführung	Welsköder sollten recht langsam ge- führt werden. Zuerst die Uferregionen und oberen Wasser- schichten „abklopfen", dann tiefer gehen. Heißer Tipp: Buhnenfelder in den großen Flüssen!	Langsame, aber abwechs- lungsreiche Köderführung ist beim Hecht- fischen erfolg- reich. Zuerst die Ufer ab- fischen. Oft lauern Hechte unter alten Wurzeln und Bäumen.	Köder unmit- telbar am Grund führen. Langsame Führung ist erfolgreich. Köderstopps einbauen. Heiße Plätze: Die Strö- mungskante zum Haupt- strom im Fluß. Z. B. am Buhnenkopf.	Recht schnelle und variable Führung. Köder in Ufer- nähe fischen.	Schnelle und relativ konstante Führungsweise. Auf Großrapfen weit draußen in der Hauptströ- mung. Kleine Exemplare oft dicht am Ufer. Wichtig: Rollen- bremse nicht zu fest! Rapfen und Meerforellen machen am Anfang brutale Fluchten, denen kaum eine Schnur stand- hält.

Zander fallen oft auf Gummi herein!

Die Spinnrute – Ihr verlängerter Arm

Eine gute Spinnrute sollte gewisse Voraussetzungen erfüllen. Sie muss leicht sein, damit sie selbst nach stundenlangem Werfen und Einkurbeln noch angenehm in der Hand liegt und man am Abend noch seinen Arm spürt. Sie soll eine Verlängerung Ihres Armes darstellen. Des Weiteren sollte sie eine recht schnelle Aktion haben. Das heißt, sie darf nicht zu wackelig sein, lieber etwas steifer. Damit lässt es sich wesentlich besser werfen. Allerdings sollte sie nicht so steif sein, dass sie wie ein Besenstiel wirkt. Sie muss sich also schon recht schön biegen können und die Fluchten eines Fisches gut abfedern. Wichtig ist auch, dass die Rute sehr belastbar ist. Bei fast keiner anderen Angelmethode ist das Material so starken Belastungen ausgesetzt wie beim Spinnfischen. Die meisten Rutenhersteller haben mittlerweile Gerten im Programm, die die oben genannten Kriterien erfüllen. Durch das Vermischen von Spezialfasern wie Carbon und Kevlar oder Carbon und Glasfaser ist es heute gelungen, extrem leichte und schnelle Ruten zu entwickeln, die trotzdem sehr stabil sind. Vor einigen Jahren galt genau dies noch als unmöglich. Die optimale Länge für eine Spinnrute gibt es nicht. Die gängigen Längen liegen zwischen 2,40 und 3,30 m. Kürzere Ruten finden Ihren Einsatz häufig beim Fischen vom Boot aus bzw. beim feinen Spinnfischen an Bächen und kleinen Gräben, wo man des Öfteren im Gestrüpp oder unter überhängenden Bäumen werfen muss. Hier wäre eine lange Spinnrute nur hinderlich. Lange Ruten empfehlen ihren Einsatz beim Fischen vom Ufer an großen Gewässern, an Flüssen mit Steinpackungen, in der Strömung und generell überall dort, wo man sehr weit werfen muss. Was das Wurfgewicht von Spinnruten angeht, gibt es wohl keine andere Rutenart, die eine ähnlich große Bandbreite bietet. Von Rütchen, die eine Spitze besitzen, die man leicht mit einer Nähnadel verwechseln könnte, bis hin zu Welsspinnruten, mit denen man 100 Gramm schwere Blinker bis an die 100 m Marke hinausfeuern kann, ist alles vertreten. Für jede Fischart gibt es mittlerweile speziell zugeschnittene Ruten. Es gibt sogar Ruten, die speziell zur Verwendung mit Multirollen konstruiert worden sind. Diese Ruten erkennt man z. B. daran, dass sie extrem viele und eng zusammenliegende Ringe haben, was eine bessere Kraftverteilung bedeutet. Als Orientierung habe ich wieder eine Tabelle für Sie erstellt, um Ihnen einen Überblick zu geben, welche Rute zu welcher Fischart passt:

Fischart	Wels	Hecht	Zander	Barsch Döbel und Forelle	Rapfen und Meerforelle
Passende Rute	2,70 bis 3,00 m lange, kräftige Spinnrute mit einem Ködergewicht bis 250 Gramm. Zum Angeln vom Boot aus reichen 2,40 m lange Modelle.	2,70 – 3,00 m lange Ruten, die ein Wurfgewicht von ca. 80 Gramm haben sollten. Beim Bootsangeln reichen kurze Modelle um 2,40 m aus.	3,00 bis 3,30 m lange Ruten mit ca. 60 Gramm Ködergewicht. Beim Uferfischen am Fluss haben sich diese etwas längeren Modelle bewährt.	2,40 – 3,30 m lange, feine Ruten mit einem Wurfgewicht, das bei ca. 35 Gramm liegen sollte. Beim Fischen an Bächen kommen die kürzeren Modelle zum Einsatz, an großen Flüssen die längeren Modelle.	3,10 – 3,30 m lange, extrem schnelle Ruten mit einem Wurfgewicht zwischen 40 und 60 Gramm. Die schnelle Aktion macht extrem weite Würfe erst möglich.

Rolle

Genau wie die Spinnrute muss auch die Spinnrolle besondere Anforderungen erfüllen. Ganz wichtig ist eine extrem saubere Wicklung der Schnur auf die Spule. Wenn man wie beim Spinnfischen permanent werfen muss, kann es bei einer unsauberen Wicklung ganz schnell passieren, dass man eine Perücke bekommt. Das hat nichts mit der eigenen Haarpracht zu tun – als Perücke bezeichnet man eine üble Verhedderung der Angelschnur. Was man am Einkaufspreis einer besonders preiswerten Rolle gespart hat, zahlt man nachher mit wegzuwerfender, verknoteter Schnur und gespannten Nerven wieder zurück. Achten Sie auf Qualität! Neben einer sauberen Wicklung ist ein robustes Getriebe extrem wichtig. Wie bereits bei den Rutenkriterien erwähnt, treten beim Spinnfischen extreme Belastungen auf, die natürlich nicht nur auf die Rute, sondern auch auf die Rolle wirken. Also: Auf Stabilität achten! Des Weiteren sollte die Rollenbremse präzise und dosiert reagieren, damit auch eine plötzliche Flucht eines großen Räubers sicher abgefangen werden kann. Hat man vor, die Rolle auch beim Meeresangeln einzusetzen, muss man darauf achten, dass sich an bzw. in ihr keine rostenden Teile befinden. Rollen aus Aluminium oder Legierungen sind für diese Aufgabe gut geeignet. Noch besser ist es, wenn die Bremse wasserdicht ist. Die Größe und damit Schnurfassung der Rolle muss wiederum der zu beangelten Fischart und Ködergröße angepasst werden. Eine Rolle zum feinen Spinnfischen auf Barsch, Döbel und Forelle sollte in etwa 100 m 0.30er fassen. Zum mittleren Spinnfischen auf Zander, Rapfen und Hecht sind Rollen mit einer Fassung von je 100 m 0.35er bzw. 0.40er Monofilschnur optimal. Geht es auf Wels, dann empfehle ich Ihnen eine Rolle mit einer Fassung von mindestens 100 m 0.50er Schnur.

Schnur

Zum Spinnfischen empfehle ich Ihnen ohne Wenn und Aber die Verwendung von geflochtenen Schnüren. Allerdings nicht irgendwelcher geflochtenen, sondern idealerweise von Thermofusionsschnüren. Diese vereinen die Fähigkeiten von Monofil – sprich Oberflächenglätte, Abriebfestigkeit, Wurfeigenschaften, Wicklung auf der Rolle und sehr wichtig – Winterfestigkeit – mit den Eigenschaften herkömmlicher geflochtener Schnüre – also Tragkraft und Dehnungsarmut – in idealer Weise. Sehr wichtig ist, dass Sie beim Kauf von geflochtenen Schnüren darauf achten, dass diese rundgeflochten sind. Billige Dyneema-Schnüre haben oftmals einen platten Querschnitt und wickeln sich schlecht auf die Rollenspule. Zwar kosten diese Schnüre wesentlich mehr als monofile Angelschnüre, aber alleine durch ihre gewaltige Tragkraft (eine 0.17er FIRELINE trägt sage und schreibe 10,2 kg!) werden Sie jede Menge am Grund hängen gebliebene Kunstköder wieder retten können, was sich dann später doch auszahlt. Der wichtigste Aspekt dieser Schnüre ist aus meiner Sicht die absolut geringe Dehnung und damit die Möglichkeit, selbst auf weiteste Distanzen noch einen guten Anschlag zu setzen. Dadurch gehen wesentlich weniger Fische im Drill verloren, als dies mit Monofil der Fall ist. Auch kann man mit viel dünneren Schnüren fischen, was sich positiv auf die Wurfweite auswirkt.

Als Thermofusionsschnüre bezeichnet man geflochtene Schnüre, die durch ein besonderes Erhitzungsverfahren zusammengeschmolzen wurden, so dass die eigentliche Flechtung nicht mehr registrierbar ist. Die Schnur besitzt dadurch eine absolut glatte Oberfläche und einen runden Querschnitt, was dazu führt, dass die Eigenschaften von Monofil und Geflochtenen vereint werden.

Was sind Thermofusionsschnüre?

Stahlvorfach

Was zuvor schon beim Angeln mit dem toten Köderfisch beschrieben wurde, gilt natürlich auch beim Spinnfischen – um ein Stahlvorfach kommen Sie nicht herum. Auch wenn in Ihrem Gewässer wenige oder fast keine Hechte vorkommen, sollten Sie nicht darauf verzichten. Einen oft großen Einzelgänger kann es in jedem Gewässer geben und der beißt wahrscheinlich genau dann, wenn Sie kein Stahlvorfach dabei haben. Hechte wissen ja leider nicht, dass Sie es eigentlich auf Zander abgesehen haben und nehmen darauf leider (oder zum Glück!?!) keine Rücksicht. Also: Immer mit Stahl! Stahlvorfächer schützen ja im Übrigen nicht nur vor Hechtzähnen, sondern auch vor scharfen Muschelbänken, Steinen oder Ähnlichem, was unserer Angelschnur schadet. Jeder Kontakt mit solchen Hindernissen hinterlässt kleine Verletzungen auf der Angelschnur, was dann irgendwann dazu führt, dass sie an dieser Stelle reißt.

Immer bis vor die Füße führen – auch dann kann's noch beißen.

Und das passiert in 90 % der Fälle nicht bei einem Hänger, sondern genau dann, wenn einer beißt. Habe ich beim Angeln mit dem toten Köderfisch noch darauf verwiesen, extrem flexible, weiche Stahlvorfächer zu verwenden, die oft sehr teuer sind, kann ich Ihnen zum Spinnfischen auf Hecht, Zander und Wels mit gutem Gewissen sogar die billigen, nylonummantelten Stahlvorfächer empfehlen, die ja eigentlich recht dick und klobig wirken. Ich hatte dadurch keinesfalls weniger Bisse. Beim feinen Spinn-

TIPP

Verwendung von Knotenlos-
verbindern:
Eine der revolutionärsten – obwohl sehr einfachen und kleinen – Innovationen, die in den
letzten Jahren auf den Markt
kamen, ist zweifelsohne der
„No-Knot"-Verbinder, der die
Tragkraft von geflochtenen
Sehnen zu fast 100 % erhält!
Funktionieren tut das Ding
folgendermaßen: Eine
Schnurschlaufe wird am
Schnurende gebildet und um
den unteren Haken des No-
Knots gelegt. Dann wird die
Schlaufe ca. 8 mal um den No-
Knot nach oben gewickelt und
zum Schluss durch eine Öse
gelegt. Fertig! Das ist einfacher
und hält besser als jeder Knoten.

fischen auf Barsch, Döbel und Rapfen sollten Sie aber doch
lieber zu feinen Vorfächern greifen. Kleine Köder laufen einfach an so dicken Vorfächern nicht mehr sehr natürlich. Im
Forellenbach können Sie auch ganz auf Stahl verzichten.

Wirbel

Egal, ob Sie Stahl verwenden oder nicht – ein stabiler Wirbel
muss sein! Jede Kette ist immer nur so stark wie ihr
schwächstes Glied. Daher sollten Sie immer auf Qualität achten. Klasse sind Wirbel bzw. Einhänger von Rosco und Sovik.
Befestigt werden Stahlvorfächer oder Wirbel idealerweise
mittels eines „No-Knot"-Verbinders – also mit einer knoten-
losen Verbindung. Dadurch wird die Tragkraft der Schnur zu
fast 100 % erhalten. Bei herkömmlichen Knoten hat die
geflochtene Schnur maximal noch 70 Prozent am Knoten!

Wobbler

Wobbler sind Raubfischköder, die in den meisten Fällen aus
Balsaholz oder Kunststoff gefertigt werden und einen Beutefisch imitieren sollen. Wobbler sind zum Teil absolute Kunst-
werke, die das natürliche Vorbild häufig bis ins kleinste Detail
imitieren und nachahmen. Von weitem ist er vom echten
Beutefisch fast nicht zu unterscheiden. Aber es gibt auch
Wobbler in absoluten „Schockfarben" wie Knallgelb, Giftgrün
oder Ampelorange. Auch diese Paradiesvögel
finden unter Wasser ihre Liebhaber. Marken-
wobbler kosten oft recht viel Geld. So kann
ein Super Shad Rap von Rapala – übrigens
einer der besten Hechtwobbler – schon mal
15 Euro aus dem Portemonnaie reißen. Aber
auch hier sage ich: Lieber ein paar Euro mehr
für Qualitätsprodukte investieren, als „Super-
Top-Angeboten" zu vertrauen. Hier ist das
Geld meistens zum Fenster rausgeworfen.
Ich habe selbst einmal einen 5er Pack Wobbler
zum Dumping-Preis erstanden, von denen
KEINER lief! Also: Vorsicht ist geboten.

Volle Wobblerkiste –
Für jeden Geschmack etwas dabei.

Köderführung

Wobbler werden entweder an der Spinnrute geworfen oder geschleppt. Auf das Schleppfischen möchte ich aber später gesondert eingehen. An der Spinnrute werden Wobbler im Grunde genommen genau so geführt, wie Spinner und Blinker. Deshalb muss ich hierzu gar nicht mehr viel sagen. Obwohl die Aktion eines Wobblers weniger von der Führung durch den Angler als durch die Tauchschaufel beeinflusst wird, kann man die Führung doch etwas variieren. Gewöhnen Sie sich Pausen beim Einholen an, rucken Sie während des Einholvorganges ruhig mal mit der Rutenspitze. So verleihen Sie dem Köder ein Plus an Aktion und Bewegung. Das reizt Raubfische ungemein.

Was beeinflusst den Lauf des Wobblers?

Der Lauf eines Wobblers wird neben der Tauchschaufel auch von seiner Körperform und von dem Material aus dem er gefertigt ist beeinflusst. Eine größere Tauchschaufel lässt den Köder in der Regel stärker wackeln. Ebenso „wobbeln" Köder mit einer etwas gedrungeneren Körperform besser als ihre Brüder, die einen länglicheren Bau haben. Köder aus leichteren Materialien, wie Balsaholz oder Kunststoffschaum, werden aktiver laufen als Wobbler aus schweren Materialien wie etwa Hartholz.

Die Bedeutung der Tauchschaufel

Neben seiner Optik ist das wichtigste Detail eines Wobblers seine Tauchschaufel. Man muss sich vor dem Kauf eines Wobblers also Gedanken darüber machen, wie tief das Gewässer ist, in dem man fischen will und vor allem, auf welche Fischart man es abgesehen hat. In einem nur etwa 2 Meter tiefen Graben wäre es ja unsinnig, einen Wobbler einzusetzen, der 6 m tief taucht. Dann hätte man ja permanent Hänger. Auch wäre es unvorteilhaft, Rapfen, die nur an der Oberfläche rauben, mit einem Tieftaucherwobbler nachzustellen. Aber wie tief läuft denn nun ein Wobbler? Darüber entscheidet die Stellung der Tauchschaufel – sprich, in welchem Winkel sie am Kopf des Wobblers angebracht ist. Dabei gilt die Regel: Je steiler die Schaufel, desto flacher läuft der Köder.

Ein Wobbler mit einer fast waagerechten Schaufel wird dagegen sehr tief laufen. Hierzu eine Tabelle:

Stellung der Tauchschaufel	Lauftiefe	Einsatzgebiet	Zielfische	Bekannte Modelle
Wobbler mit steiler Schaufel	Sehr flach, oft nur 1 Meter	Spinnfischen an der Oberfläche	z. B. Rapfen, Forellen, Hechte, Barsche und Döbel	Rapalla Shad Rap, Mann's 1-Minus
Wobbler mit mittlerer Schaufel	Mitteltief, bis zu 3 Meter	Spinnfischen auf tiefer stehende Räuber und in mitteltiefen Gewässern	z. B. Zander, Barsch, Hecht	Mann's Wally Trac, Salmo, Nils Master
Wobbler mit flacher Schaufel	Tief, bis 6 Meter, tiefste Modelle sogar bis 9 Meter	Spinn- und Schleppfischen in sehr tiefen Gewässern, sogar in Ost- und Nordsee	z. B. Zander, Hechte, Dorsch, Wels	Mann's 10+, Rapalla Risto Rap

TIPP

Was tun, wenn der Wobbler festhängt?
Falls mal einer Ihrer teuren Wobbler hoffnungslos am Grund hängen bleiben sollte, können Sie ihn mit einem Wobblerretter wieder herausziehen. So ein Ding kann man leicht selbst bauen. Sie brauchen nur einen Karabinerhaken und eine Nylonschnur. Diese knoten Sie an den Karabinerhaken. Im Falle eines Hängers klippen Sie nun den Karabiner in die Hauptschnur ein und lassen ihn an gespannter Angelschnur zum Köder heruntergleiten. Oft verhängen sich nun die Drillinge des Wobblers im Karabiner und der Köder kann an der Nylonschnur wieder herausgezogen werden!

Aber nicht nur die Tauchschaufel entscheidet über die Einsatztiefe des Köders. Zwar sind die meisten Wobblermodelle schwimmend. Jedoch gibt es mittlerweile auch viele sinkende oder schwebende Varianten. Diese Wobbler laufen um einiges tiefer als ihre schwimmenden Brüder. Auch lassen sie sich, aufgrund des höheren Eigengewichtes, wesentlich besser auswerfen.

Gerät

Auf das Gerät zum Wobblerfischen einzugehen, kann ich mir guten Gewissens sparen. Es ist grundsätzlich mit dem Gerät zum Fischen mit Spinner und Blinker identisch.

Schöner Hecht auf einen 3 cm Wobbler — Gerade im Sommer fangen Miniköder besser.

Gummifisch und Twister

Kommen wir zu meiner persönlichen Lieblingstechnik – dem
Angeln mit Gummifisch und Twister. Schließlich habe ich mit
diesen Ködern meine bisher größten Erfolge beim Spinnfischen gefeiert. Kaum eine Angelmethode hat das Raubfischangeln in den letzten Jahren so geprägt und revolutioniert
wie das Fischen mit Weichplastikködern. Besonders bei der
Kunstköderangelei auf Zander ist das Twistern der große
Durchbruch gewesen. Grund hierfür ist einfach, dass es mit
keinem anderen Kunstköder so leicht möglich ist, direkt am
Gewässergrund zu fischen – eben dort, wo sich die meisten
Zander aufhalten. Auch auf Hecht und Wels hat diese Angelmethode sich mittlerweile durchgesetzt. Allerdings ist es bei
diesen Ködern nicht einfach nur damit getan, dass man sie
wie einen Blinker oder Spinner einfach auswirft und dann
gleichmäßig wieder einkurbelt. Klar, so lassen sich natürlich
auch Raubfische mit den „Wabblern" überlisten. Wer jedoch
richtig erfolgreich sein möchte, der sollte das nun folgende
Kapitel aufmerksam lesen. Beim Twistern gilt es nämlich verschiedene Punkte zu beachten.

Das Gerät

Das Spinnfischen mit Weichplastikködern erfordert spezielles
Angelgerät. Fast alle Gerätehersteller haben mittlerweile spezielle Twisterruten im Programm. Von diesen Ruten taugen
vielleicht 5 % etwas – den Rest können Sie getrost vergessen.
Die meisten dieser Spezialruten sind nämlich viel zu weich.
Es werden Ruten mit einem Wurfgewicht von 5–15 Gramm
als Twisterruten präsentiert – die taugen vielleicht zum Rot-
augenfischen etwas, aber nicht zum Spinnfischen. Eine
„Wabbelrute" hat zur Folge, dass man keinen vernünftigen
Anhieb setzen kann. Auch eine präzise Köderführung ist
nicht möglich. Der Grund ist einfach der, dass diese weichen
Ruten wie eine Art Puffer wirken. Sie polstern sozusagen den
Anschlag oder das Zupfen mit der Rutenspitze einfach ab.
Ein effektiver Anhieb und eine gute Köderkontrolle sind nur
mit einer relativ steifen Rute möglich. Allerdings sollte die
Rute der Fischart, auf die man es abgesehen hat, angepasst

werden. Es macht natürlich keinen Spaß, Barsche mit einer Hechtrute aus dem Wasser zu ziehen. Hat man es auf Döbel oder Barsche abgesehen, darf die Rute natürlich etwas weicher ausfallen. Aber nicht zu weich! Hier eine kleine Tabelle als Anhaltspunkt.

Beangelte Fischart	Größe der Gummiköder	Gewicht der Bleiköpfe (abhängig vor allem von der Strömung)	Wurfgewicht der Rute	Rutenlänge
Zander	10–15 cm	10–30 Gramm	ca. 80 Gramm	2,70 –3,00 m
Hecht	15–23 cm	10–30 Gramm	ca. 100 Gramm	2,70 –3,00 m
Barsch, Döbel, Forelle	5–10 cm	5–15 Gramm	ca. 40 Gramm	3,00 –3,30 m
Wels	15–23 cm	10–30 Gramm	ca. 150 Gramm	2,70 m

Ein ganz wichtiges Kriterium ist auch das Eigengewicht der Rute. Wer mal einen ganzen Tag lang mit einer schweren Rute gefischt hat, wird mich verstehen. Das macht einfach keinen Spaß. Spätestens nach einer Stunde tut einem der Arm weh, die Köderführung klappt nicht mehr richtig, da zu anstrengend und von der Kraft, noch einen ordentlichen Anschlag im Falle eines Bisses zu setzen, braucht man gar nicht erst zu reden. Daher lege ich Ihnen ans Herz: Geben Sie lieber etwas mehr aus und kaufen Sie sich eine schöne, leichte Kohlefaserrute. Sie werden mir noch danken.

Dem Zander hat der Gummifisch geschmeckt – und der Zander später mir!

Bleiköpfe

Neben der richtigen Rute sind die Bleiköpfe entscheidend für den Fangerfolg beim Twistern. Sie dienen erstens als Wurfgewicht und – noch wichtiger – entscheiden darüber, ob und wie schnell der Gummiköder nach dem Auswurf in Richtung Gewässergrund wandert. Die Sinkgeschwindigkeit ist nämlich mit das wichtigste Kriterium für den Fangerfolg beim Twistern. Es gilt die Faustregel: „So schwer wie nötig – so leicht wie möglich!" Damit ist Folgendes gemeint: Der Bleikopf muss schwer genug sein, um den Gummifisch oder Twister auf den Gewässergrund zu bringen und während der Köderführung auch in Grundnähe zu halten, jedoch muss er leicht genug sein, um dem Köder eine möglichst lange Absinkphase zu ermöglichen. Gerade in den Phasen, in denen der Köder zum Grund absinkt – sei es unmittelbar nach dem Auswurf oder später, wenn der Angler ihn langsam wieder zu sich heranzupft – kommen die meisten Bisse. Keine Ahnung, warum das so ist aber ich kann aus meiner langjährigen Erfahrung sprechen. Mindestens 80 % der Bisse kommen in den Absinkphasen. Wählen Sie also das Bleigewicht immer nach dem gerade genannten Kriterium aus. Ich kann Ihnen allerdings kein Patentrezept über das Bleigewicht geben, sprich, Ihnen sagen, welches Gewicht Sie letztendlich wählen sollen, da jedes Gewässer andere Gegebenheiten aufweist – sprich Strömungsstärke, Gewässertiefe, Wind etc. Hier sind Sie gefragt! Probieren geht über Studieren!

Arten von Jigköpfen

Es gibt verschiedene Arten von Twisterköpfen. Am populärsten dürfte wohl der Rundkopf sein. Dieser Kopf ist immer und überall einsetzbar. Zum speziellen Zanderangeln empfehle ich Ihnen den Stand-up- bzw. Erie-Jig. Dieser Kopf steht fast senkrecht am Gewässergrund und lässt den Zander den Köder besser packen. Auch sehr gut ist der Fischkopf-Jig, den ich gerne zum Meeresfischen einsetze.
Tipp: Gießen Sie ihre Bleiköpfe selbst, bei www.thomas-kubiak.de und www.hakuma.de können Sie Gussformen für Twisterköpfe erwerben. Blei gibt es z. B. vom Dachdecker. So können Sie die passenden Köpfe für Ihren Einsatzzweck selbst kreieren und sparen dabei einen Haufen Geld!

Schnur

Zum Gummiangeln gibt es nur eine Schnur – geflochtene! Und da auch nicht jede x-beliebige Dyneema-Leine, sondern wichtig ist auch, dass die Schnur rundgeflochten ist. Sonst sind Schnurverhedderungen und Perücken auf der Rolle unvermeidlich, da beim Twistern die Schnur nicht immer zu 100 % unter Spannung ist. Eben anders als beim Fischen mit Spinner, Blinker und Wobbler. Als beste Twisterschnur hat sich – ohne Werbung machen zu wollen – die Fireline von Berkley bestätigt. Ich fische diese Leine schon seit einigen Jahren, unterbrochen durch Tests von anderen Geflochtenen, und ich bin immer wieder reumütig zu dieser Schnur zurückgekommen. Die Twisterschnur für Zander und Hecht sollte generell eine Tragkraft von ca. 10 kg haben. Für Barsche, Rapfen und Döbel reicht eine 6–8 kg starke Schnur aus und auf Wels darf sie über 15 kg tragen.

Rolle

Zum Twistern bedarf es keiner speziellen Rolle. Genau wie beim Fischen mit Spinner und Blinker empfiehlt sich eine mittelgroße Stationärrolle mit Kopfbremse. Ganz wichtiges Detail: Eine absolute Rücklaufsperre – die Kurbel darf also bei eingeschalteter Sperre absolut nur in eine Richtung laufen und keinen Millimeter zurück. Das ist für einen Top-Anhieb sehr wichtig und nur so hat man das absolute „Feeling" beim gefühlvollen Zupfen des Köders.

Vorfach, Einhänger und Wirbel

Auch hier gelten die gleichen Richtlinien wie beim Fischen mit dem Blinker oder Spinner. Achten Sie auf Qualitätsprodukte – der etwas höhere Preis zahlt sich irgendwann aus.

Köderführung

Kommen wir nun zum Allerwichtigsten – der Köderführung. Wie eingangs bereits erwähnt, ist es unangebracht, den Twister oder Gummifisch auszuwerfen, um ihn dann einfach ohne Schnörkel wieder einzukurbeln. So kann man natürlich auch einen hungrigen Raubfisch fangen. Schließlich zeigen Gummiköder ja von sich aus eine Aktion unter Wasser. Ein

Toller Gummihecht! Im Winter fangen tiefgehende Köder besser.

Auch kapitale Barsche kann man mit Kunstködern verführen.

Hunger leidender Raubfisch würde sich aber wahrscheinlich auch auf fast alles andere stürzen. Nein, mit Gummiködern angelt man folgendermaßen: Nach dem Auswurf lässt man den Köder an gespannter Angelschnur absinken. Es ist ganz wichtig, dass die Schnur jetzt schon unter Spannung steht, da bereits in dieser Absinkphase ein Räuber beißen kann und wenn die Schnur dann nicht gespannt ist, kriegt man diesen Biss gar nicht mit. Zweitens lässt uns die gespannte Schnur erkennen, wann der Köder auf dem Gewässergrund angekommen ist. Nämlich dann, wenn sie plötzlich erschlafft. Jetzt geht es ans Eingemachte. Ziel ist es, den Köder beim langsamen Einkurbeln verführerisch über den Grund hüpfen zu lassen. Das erreicht man, indem man die Rutenspitze in einer ca. 10-Uhr-Stellung hält und den Köder mit der Rutenspitze in eine 11-Uhr-Stellung zupft. Dann geht die Rutenspitze sofort zurück in die 10-Uhr-Position. Gleichzeitig mit dem Heruntergehen der Spitze kurbelt man Schnur auf, damit diese immer gespannt ist – wichtig für die Bisserkennung. Das wiederholt man, bis der Köder wieder vor den eigenen Füßen angelangt ist.

Im Grunde war das schon alles! Jetzt kann man natürlich variieren, z. B., indem man den Köder von einer 9-Uhr- in eine 12-Uhr-Position zupft, oder die Rute bei 9-Uhr belässt und waagerecht zupft. Wann welche Variante erfolgreich ist, ist situationsabhängig. Da ist wiederum Ihr Typ gefragt. Sie müssen ausprobieren. Ich kann nur sagen, dass – bevor ich den Köder wechsle –, ich lieber erst einmal die Köderführung verändere. Oftmals reicht ein Unterschied in der Köderführung schon aus, um einen Biss zu provozieren.

Köderfarben

Um kaum ein Thema ranken sich so viele Gerüchte und Geheimnisse, wie um die Farbe der Gummiköder. Und kaum ein Thema wird in der Angelpresse so heiß diskutiert. Die Farbpaletten sind ja mittlerweile schier unermesslich. Kaum eine Farbe, die es nicht auf dem Markt gibt. Ich habe sie alle getestet, und heute kann ich sagen, ich komme mit wenigen verschiedenen Farben aus. Mit diesen habe ich in den letzten Jahren die größten Erfolge gefeiert.

Meine Top-Farben:

- Grün mit Perleffekt – ein etwas dunkleres Grün, das insbesondere auf Hecht, Zander und Barsch absolut super ist. Meine absolute Lieblingsfarbe, da auch bei fast jeder Tageszeit und Gewässertrübung einsetzbar!
- Perl (Weiß) mit schwarzem Rücken – geht immer und überall – absolute Allroundfarbe.
- Braun – der Zanderkiller! Top auch bei klarem Wasser und generell dort, wo viele Kaulbarsche vorkommen.
- Orange-Glitter – Topfarbe bei etwas trüberem Wasser. Wahnsinnsfarbe, wenn viele Krebse im Gewässer vorkommen und generell gut im Herbst.
- Rauch – eine Superfarbe in klarem Wasser.
- Leuchtgrün – super in der Dämmerung – mein absoluter Favorit bei trübem Wasser.
- Schwarz – mein Lieblingsköder in der Nacht – bildet den größten Kontrast zur Umwelt und ist für die Räuber sehr gut zu sehen.
- Barschdekor – Barsche kommen überall vor und werden ebenso gerne überall gefressen. – Top auch in stark befischten Gewässern.

Der Anhieb

Ein ganz besonderes Augenmerk sollten Sie dem Anhieb schenken. Da die meisten Bisse auf Twister während der Absinkphase kommen und nicht dann, wenn man gerade kurbelt, ist ein Anschlag sehr wichtig. Sobald Sie eine kleine Unregelmäßigkeit feststellen, z. B. ein leichtes Zupfen in der Rute verspüren – schlagen Sie an! Selbst die allergrößten Zander beißen manchmal wie ein kleiner Barsch. Und wenn Sie nicht anhauen, lässt der Fisch den Köder wieder los. Beim Zander können Sie aber ein wenig mit dem Anhieb warten. Hat ein Zander gebissen, hält er den Köder erst einmal eine Weile fest. Hechte aber lassen schneller los, als man sich versieht. Also, so schnell wie möglich anschlagen. Irgendwann ist diese Bewegung in Ihr Blut übergegangen und Sie müssen darüber gar nicht mehr nachdenken.

TIPP

Anstatt die ganze Zeit nur mit ein und demselben Köder zu fischen, sollten Sie bei einer Beißflaute ruhig mal auf eine andere Farbe wechseln. Oft gibt es direkt nach dem Wechsel einen Biss!

TIPP

Fischen Sie erst einmal die Uferbereiche des Gewässers ab. Die meisten Raubfische, selbst die großen, stehen oft in unmittelbarer Nähe zum Ufer. Hat dann nichts gebissen, sollten Sie es weiter draußen probieren.

Schleppfischen

Schleppfischen bietet sich an allen Gewässern an, an denen das Fischen vom Boot aus erlaubt ist. Das Prinzip ist einfach: Anstatt den Kunstköder auszuwerfen und dann wie zuvor beschrieben wieder an sich heranzuführen, lässt man beim Schleppen die Köder – das können Blinker, Spinner, Gummifische, tote Köderfische am System oder aber Wobbler sein – hinten links und rechts aus dem Boot heraus und schleppt diese, entweder mit Motor- oder Muskelkraft, sprich rudernd, hinter sich her. Dabei hat man den Vorteil, große Gewässerflächen nach aktiven Räubern absuchen zu können. Hat man beim Schleppen einen Biss erhalten oder sogar einen Räuber gefangen, empfiehlt es sich manchmal, an dieser Stelle zu ankern und sie intensiv mit der Wurfrute abzufischen. Oft gibt es dann noch weitere Bisse.

Schleppen mit Wobblern

Wobbler haben den Vorteil, dass sie immer auf der gewünschten Tiefe laufen, da ihre Tauchtiefe ja durch die Tauchschaufel vorgegeben ist. So kann man eine Rute mit einem Flachläufer versehen, die andere Rute mit einem tief tauchenden Modell. So fischt man verschiedene Gewässerschichten gleichzeitig nach Räubern ab.

Einsatz eines Echolotes

Sofern es an Ihrem Gewässer gestattet ist, ist der Einsatz eines Echolotes eine tolle Sache. Mit einem Echolot lassen sich prägnante Stellen am Gewässergrund finden. Diese Stellen werden gerne von Raubfischen angeschwommen. Außerdem lassen sich mit dem Echolot Fischschwärme finden. Raubfische halten sich ja bekanntlich oft in der Nähe dieser Futterfischschwärme auf. Ein Biss ist also fast vorprogrammiert.

Das Gerät

Das Gerät zum Schleppfischen entspricht dem normalen Spinngeschirr. Bei der Rute können Sie aber ein Modell wählen, das ein paar Zentimeter länger ist. So kommen sich die Köder nicht so leicht ins Gehege.

Sonnenuntergang auf Rügen – Ob noch ein Hecht beißt?

Fliegenfischen

Das Fliegenfischen gilt als die wohl edelste und waidmännischste Form, dem Schuppenwild nachzustellen. Viele Angler neigen dazu, wenn sie vom Fliegenfischen hören, erst einmal auf Distanz zu gehen: „Viel zu schwer, das klappt ja selbst nach jahrelangem Training nicht richtig, in unserem Gewässer gibt es ja keine Forellen ..." Ich möchte genau mit diesen Klischees brechen. Fliegenfischen ist erstens nicht so sonderlich schwer, es klappt bei Beachtung verschiedener Punkte schon nach kurzer Zeit recht gut und das Wichtigste: Mit der Fliegenrute fängt man nicht nur Forellen, sondern JEDE Fischart lässt sich mit der Fliegenrute fangen.

Was brauche ich zum Fliegenfischen?

Auch in der Dunkelheit kann man Fliegenfischen. Mit dem Streamer auf Raubfische.

Zum Flugangeln benötigt man eine Fliegenrute und eine Fliegenrolle. Fliegenruten sind in der Regel sehr leicht. Schließlich werden sie die ganze Zeit in nur einer Hand gehalten und dann wird damit ja auch noch permanent geworfen. Günstige Ruten bekommt man mittlerweile schon für ca. 60 Euro im Fachhandel. Die Wurfgewichte der Fliegenruten sind in AFTMA-Klassen eingeteilt. Diese bewegen sich im Bereich von Klasse 2 bis ca. Klasse 15. Je höher die Zahl, desto härter die

Rute. Allroundklasse für unsere Breiten dürfte die Klasse 6 darstellen, mit der ich auf fast alle einheimischen Fischarten gehen kann. Die Fliegenrolle dient im Grunde nur zur Aufnahme der Wurfschnur und des so genannten Backings – eine Unterschnur, die beim Drill von sehr großen Fischen als Reserve dient. Die Wurfschnur ist immer ca. 30 m lang und der AFTMA-Klasse der Rute angepasst. Sprich: Mit einer 5er Rute fischt man idealerweise auch eine 5er Schnur. Man kann auch leichtere oder schwerere Schnüre verwenden, jedoch ist dann die Rute beim Wurf eben unterlastet oder überlastet, was sich in beiden Fällen negativ auf die Wurfweite auswirkt. Vor die Schnur kommt dann noch ein spezielles Fliegenvorfach, welches sich danach richtet, ob ich den Köder tief oder an der Oberfläche fischen möchte. Das Einzige, was nun noch fehlt, ist die Fliege.

Welche AFTMA-Klasse für welchen Zweck?

- Klasse 2–3: Feinstes Fischen auf Äschen und Forellen mit der Trockenfliege in kleinen Bächen und Wiesengräben.
- Klasse 4–5: Allroundforellen- und Äschenfischen mit Trockenfliege.
- Klasse 5–6: Forellenfischen mit etwas größeren Trockenfliegen, Nassfliegen und Nymphen. Auch Einsatz auf Döbel und Rotfedern.
- Klasse 6: Die Allroundklasse – Fischen auf Forellen, Döbel, Äschen, Weißfische wie Rotfedern, Brassen, Rotaugen und leichtes Streamerfischen auf Barsch und Rapfen.
- Klasse 7: Angeln auf Großforellen, Döbel, Zander, Barsch und Rapfen, leichtes Hechtfischen. Nymphenfischen auf Barbe.
- Klasse 8: Streamerfischen auf Zander und Hecht. Einsatz auf Großrapfen Barbe, Karpfen und Meerforellen.
- Klasse 9: Angeln mit großen Streamern auf Zander, Hecht, Großrapfen, Meerforelle. Karpfenangeln. Leichtes Lachsfischen.
- Klasse 10: Schweres Fischen auf große Raubfische, Lachse und Karpfen. Oft sind diese Ruten als Zweihandruten ausgelegt.
- Klasse 11 und schwerer: Angeln auf Großlachs, Meeresfischen. 15er Ruten zum Fischen auf Tarpon, Sailfish und Marlin.

TIPP

Einen fängigen Köder zum Streamerfischen auf Barsch und Zander kann man sich einfach selbst basteln. Man nimmt einen langschenkligen Haken der Größe 4, schneidet buntes Geschenkpapier in dünne Streifen und bindet diese mit Garn unterhalb des Hakenöhrs an. Der Knoten wird mit etwas Sekundenkleber fixiert – fertig ist ein einfacher, aber sehr fängiger Raubfischköder!

Die Fliege

Unter dem Begriff Fliege versteht der Flugangler nicht nur die Nachbildung von Fliegen im wörtlichen Sinne. Unter Fliege sind alle Köder zusammengefasst, die mit der Flugangel gefischt werden. Also Trockenfliegen, Heuschreckenimitate, Insektenlarven (sog. Nymphen), Fischimitate (sog. Streamer) und so weiter und so fort. Der Fantasie sind keine Grenzen gesetzt. Spezialisten angeln sogar mit Boilie oder Schwimmbrotimitaten auf Karpfen!

Ein schöner
Streamerzander.

Das Werfen

Was vielen Anglern beim Fliegenfischen wohl am kompliziertesten anmutet, dürfte das Werfen sein. Es gibt 2 Varianten, die am häufigsten zum Einsatz kommen.

Der Überkopfwurf

Dieser Wurf kommt am häufigsten zum Einsatz. Nämlich immer dann, wenn der Fliegenfischer genug Platz hinter sich hat, um nach hinten zu schwingen. Die Fliegenschnur wird dabei, über dem Kopf des Anglers, vor- und zurückgeschwungen, bis genug Schnur in der Luft ist, um die Schnur nach vorne freizugeben. Dabei unterteilt sich der Wurf in 3 Phasen:

Wurfphasen

1. **Der Rückschwung:** Die Fliegenschnur wird vom Wasser abgehoben, indem die Rute zurückgeschwungen wird. Wichtig ist, dass dabei nicht zu weit zurückgezogen wird. Die Rute sollte in etwa senkrechter Stellung, also 12 Uhr, über dem Kopf des Anglers stehen.
2. **Die Streckphase:** Nun wird abgewartet, bis sich die Schnur nach hinten heraus gestreckt hat. Das ist ganz wichtig, denn wenn zu früh wider nach vorne geschwungen wird, entsteht ein so genannter Peitschenhiebeffekt. Dabei kann es auch vorkommen, dass die Fliegenschnur mitsamt Köder im Genick oder Ohr des Anglers landet. Das ist dann nicht so schön.
3. **Der Vorschwung:** Sobald die Wurfschnur nach hinten gestreckt ist, wird die Rute wieder nach vorne beschleunigt. Die Fliegenschnur saust nun wunderbar gerade nach vorne. Anschließend wiederholt man das Spiel solange, bis man die gewünschte Weite erreicht hat. Dann gibt man die Schnur nach vorne frei.

Der Fehler, den viele Anfänger machen, ist der, dass sie mit zu viel Kraft aus dem ganzen Arm herauswerfen. Leichter geht es, wenn locker – nur aus dem Handgelenk – beschleunigt wird. Wichtig ist bei der ganzen Sache, dass man immer ein Auge auch hinter sich hat. Ich hatte selbst schon mal das

TIPP

Üben kann man das Werfen erst einmal auf dem „Trockenen". Zum Beispiel auf einem Sportplatz. Auf Vorfach und Fliege kann man dabei auch erst einmal verzichten. Und nicht verzagen: Übung macht den Meister!

Pech, einen Spaziergänger an den Haken bekommen zu haben, den ich nicht bemerkt hatte. Und das gab dann etwas
Ärger.

Der Rollwurf

Der Rollwurf kommt immer dann zum Einsatz, wenn der
Angler hinter sich nicht genug Platz findet, um frei auszu-
schwingen. Wie der Name es schon vermuten lässt, wird die
Schnur über das Wasser gerollt. Das geschieht dadurch, dass
die Rutenspitze etwa in 11-Uhr-Position gehoben wird und
dann ruckartig in die 9-Uhr-Position nach vorne geschlagen
wird. Dabei entsteht eben der Effekt, dass die Fliegenschnur
über das Wasser rollt und sich nach vorne ausstreckt. Der
Rollwurf ist nicht ganz einfach und erfordert etwas mehr
Übung als der Überkopfwurf. Aber nach einiger Zeit werden
Sie auch diese Technik drauf haben, ganz sicher.

**Eine typische Fliegenfischer-
Idylle.**

Alles über Angelrollen

Das wichtigste Zubehörteil neben der Angelrute dürfte die Angelrolle sein. Zwar fischen etwa Stippfischer mit ihren langen, unberingten Ruten teilweise auch ohne Rolle – beißt dann aber mal ein etwas größerer Fisch, wie z. B. ein großer Karpfen oder eine dicke Barbe, reißt dieser zwangsläufig ab, da man leider keine Schnur geben kann, um ihn zu ermüden.

Eine Angelrolle dient aber nicht nur ausschließlich dazu, einen kämpfenden Fisch auszudrillen – durch die sich auf der Spule befindliche Schnur wird auch der Aktionsradius des Anglers bestimmt. Das Angeln in großer Entfernung oder Tiefe wird so erst möglich. Gab es früher noch Rollen, auf die die Schnur von Hand aufgespult werden musste, gibt es heute absolute Hightech-Modelle, die keinerlei Wünsche mehr offen lassen. Im Folgenden möchte ich Ihnen die wichtigsten Rollentypen vorstellen, ihre Einsatzgebiete aufzeigen und verdeutlichen, worauf bei den einzelnen Typen zu achten ist.

Die Stationärrolle

Die wohl populärste Rolle in Deutschlands Angelkellern dürfte die Stationärrolle sein. Das wird ganz einfach daran liegen, das es sich mit ihr am bequemsten fischen lässt und man mit der Stationärrolle die meisten Einsatzbereiche der Angelei abdecken kann. Am beliebtesten dürfte die Stationärrolle beim Spinnfischen, Karpfenangeln, Posenfischen und Grundangeln sein.

Das Gehäuse

Die Gehäuse von Stationärrollen wurden früher mal aus Eisen hergestellt. Diese Rollen waren zwar äußerst robust, jedoch leider extrem schwer. Bei den modernen Rollen kommen Hightech-Materialien, wie Kohlefaser, Aluminium und

Für einem erfolgreichen Drill ist
die Rolle enorm wichtig.

sogar Titan und Magnesium zum Einsatz. Diese Materialien
eröffnen dem Rollenhersteller ganz neue Möglichkeiten. Mit
diesen Baustoffen lassen sich leichte, aber dennoch unglaub-
lich stabile Rollen produzieren.

TIPP

Gerade bei Hängern mit geflochtenen Schnüren können
auf das Getriebe Belastungen
wirken, denen es nicht gewachsen ist. Nehmen Sie deshalb einen ausgedienten Arbeitshandschuh mit ans Wasser, wickeln Sie bei einem Hänger die Hauptschnur ein paar
Mal um die Hand und versuchen dann so, den Hänger zu
lösen. Ihre Rolle wird es Ihnen
danken!

Das Getriebe

Das Herzstück einer jeden Rolle ist ihr Getriebe. Dieses hat
im Grunde zwei Aufgaben. Es ist zum einen für die Auf- und
Abwärtsbewegung der Spulenachse und zum zweiten für die
Drehgeschwindigkeit des Rotors verantwortlich. Die Drehgeschwindigkeit des Rotors ist entscheidend dafür, wie viel
Schnur bei einer Kurbelumdrehung aufgespult wird. Dies ergibt sich aus der Getriebeübersetzung. Eine hohe Überset-
zung bewirkt mehr Schnuraufspulung, eine kleinere Überset-
zung jedoch mehr Kraftübertragung. Bei Stationärrollen gibt
es im Grunde zwei Sorten Getriebe. Ein so genanntes Schneckengetriebe und ein Kegelradgetriebe. Welches dieser beiden Getriebe besser ist, lässt sich schwer sagen. Viele große
Rollenhersteller setzen heute Schneckengetriebe in ihren Stationärrollen ein. Die wichtigsten Getriebeteile sind dabei die
Antriebsschnecke, die Getriebeachse und das Antriebsrad.
Da das Rollengetriebe starken Belastungen ausgesetzt ist,
verwenden die Hersteller hier Metallbauteile aus Messing
oder sogar Edelstahl!

Die Kurbel und der Griff

Welchen Kurbeltyp der Angler bevorzugt, ist absolute Geschmackssache. Es gibt Kurbeln mit Holzgriff, mit Gummigriff, mit einem kleinen Rundknauf, T-förmige Griffe, Doppelkurbeln und und und ...

Funktionell sind diese Kurbeln alle. Ich denke, dass es vor allem eine Frage der Gewohnheit ist, welchen Kurbeltyp man am liebsten fischt. DIE Kurbel oder DEN Griff gibt es nicht!

Kugellager

Die Qualität einer Stationärrolle wird heute oftmals an der Anzahl der Kugellager festgemacht. Zu Unrecht, wie ich finde. Verschiedene Rollenhersteller aus Fernost überschwemmen den Markt mit Modellen, die 10 oder mehr Kugellager haben. Absoluter Quatsch! Es kommt nicht auf die Anzahl der Lager, sondern darauf an, wo sie sich im Rollengehäuse befinden und vor allem auch, aus welchem Material sie gefertigt sind. Billiglager aus minderwertigen Materialien geben nämlich oft schon nach kurzer Zeit den Geist auf, während teure Lager aus Edelstahl, wie sie zum Beispiel von PENN oder SHIMANO verwendet werden, eine Anglerkarriere überdauern können.

Blick auf die Einzelteile einer Stationärrolle.

Die Spule

Stationärrollenspulen sind entweder aus Kohlefaser oder aus Aluminium gefertigt. Eine Alu-Spule sieht zwar edler aus, auf die Wurfweite wirkt sich das Herstellungsmaterial allerdings nicht aus. Zudem ist eine Aluspule auch um einiges schwerer als eine Carbon-Spule. Das wichtigste Kriterium, warum Aluspulen verwendet werden, ist die Stabilität. Einem Bekannten ist mal eine Carbonspule bei einem Welsdrill am Ebro gebrochen. Sie war der Belastung nicht gewachsen. Hochwertige Rollenmodelle werden im Normalfall mit 2 Aluspulen ausgeliefert.

Die Bremse

In der Familie der Stationärrollen unterscheidet man zwischen zwei Modelltypen: Modelle mit Kopfbremse und welche mit einer Heckbremse. Die Bezeichnung hinterlässt keine Zweifel – bei der Kopfbremse sitzt die Bremse eben am „Kopf" der Rolle, direkt auf der Spule. Die Bremswirkung der Heckbremse verstellt man mit einem Drehknopf am „Hintern" der Rolle. Rollenmodellen mit einer Kopfbremse sagt man nach, dass sie etwas robuster seien als ihre Vettern mit Heckbremse. Diese Behauptung sei mal dahingestellt. Eine Heckbremse lässt sich auf der anderen Seite wiederum leichter regulieren, besonders dann, wenn Schnelligkeit – z. B. bei einer plötzlichen Flucht eines gehakten Fisches – gefordert ist. Ich fische Rollenmodelle beider Typen und hatte noch nie größere Probleme. Die Bremswirkung wird bei der Kopfbremse durch ein Abbremsen der Spule mittels Bremsscheiben erreicht. Bei der Heckbremse wird die Rollenachse selbst abgebremst. Die Bremsscheiben einer Heckbremse sind dadurch etwas kleiner.

Spule einer Stationären mit Kopfbremse.

Bei Freilaufrollen kann mittels eines am Heck sitzenden Hebels die eigentliche Bremswirkung eliminiert werden. Die Spule kann sich nun unabhängig vom eigentlichen Bremssystem drehen. Ein flüchtender Fisch wird nun fast ungehindert Schnur abziehen. Um den Freilauf zu deaktivieren, reicht es aus, einfach die Rollenkurbel zu betätigen. Der Freilaufhebel klappt dann wieder zurück und die normale Bremswirkung ist wieder hergestellt. Eigentlich zum Herablassen des Köders beim Meeresangeln entwickelt, erfreuen sich Freilaufrollen mittlerweile großer Beliebtheit beim Karpfenangeln und Raubfischangeln mit Naturködern.

Besonderheit – Freilaufrollen.

Die Rücklaufsperre

Als größte Innovation der letzten Jahre wird gerne die so genannte „unendliche Rücklaufsperre" genannt. Woher dieser Name rührt, kann ich beim besten Willen nicht sagen. Ich bezeichne sie lieber mal als direkte Rücklaufsperre, einfach deshalb, weil die Sperre an jeder Kurbelposition direkt wirkt. Die direkte Rücklaufsperre ist wirklich eine feine Sache. Beim Spannen der Schnur beim Grundangeln leistet sie gute Dienste, der Spinnfischer schätzt sie, weil sie einen direkteren Köderkontakt ermöglicht, und ich finde sie deshalb besonders gut, weil dieses nervende „Klacken" beim versehentlichen Rückwärtsdrehen eliminiert wird. Allerdings ist diese Erfindung keineswegs neu. Die Firma Mitchell verwendete schon vor über 30 Jahren in seinen Rollenmodellen so etwas ähnliches wie eine direkte Rücklaufsperre – eine Multistopp-Sperre. Die war nicht ganz so genau wie die heutige Sperre, aber fast. Heute funktionieren die meisten Rücklaufsperren durch Nadellager oder One-Way-Walzenlager. Diese unterscheiden sich von Kugellagern insofern, als sie nur in eine Richtung gedreht werden können. Nachteil der direkten Rücklaufsperre ist zur Zeit noch, dass sie recht empfindlich ist. Sie geht leider recht häufig kaputt. Warum das so ist, kann ich Ihnen auch nicht sagen. Ich selbst habe schon bei zwei Rollen das Problem gehabt, dass ich auf einmal rückwärts drehen konnte, obwohl die Sperre eingeschaltet war.

Freilaufrolle zum Karpfenfischen.

Der Rotor inkl. Schnurlaufröllchen und Bügel

Der Rotor der Stationärrolle, der sich beim Kurbeln permanent um die Rollenachse bewegt, muss gut ausgewuchtet sein. Sonst kann es passieren, dass die Rolle ungleichmäßig läuft. Auf dem Rotor, der zumeist aus Metall gefertigt ist, ist der Rollenbügel angebracht, der an beiden Enden mit Federmechanismen ausgestattet ist. Dadurch lässt er sich vor- und zurückklappen und beim Wurf leicht arretieren. Auf dem Bügel ist das Schnurlaufröllchen angebracht, welches die Schnur auf die Spule führt. Dieses Schnurlaufröllchen ist mittlerweile auch in den meisten Fällen kugelgelagert.

Einsatzgebiet von Stationärrollen

Stationärrollen lassen sich im Grunde für alle Techniken der Angelei einsetzen. Vom Spinnfischen über das Karpfenangeln bis hin zum Stippen. Sie finden überall ihre Anhänger. Vorteil von Stationärrollen ist natürlich ihre leichte Bedienbarkeit. Gerade beim Werfen ermöglicht sie selbst Angelneulingen passable Weiten. Überall dort, wo normale Belastungen auf den Angler warten, ist man mit einer Stationären durchaus gut bedient. Selbst zum Fischen auf Wels verwende ich gerne Stationärrollen.

Rollenpflege

Eine Rolle sollte von Zeit zu Zeit gründlich gewartet werden. Dazu gehört auch, dass man das Gehäuse mal aufschraubt, das alte Fett von den Metallteilen löst – das klappt ganz gut mit einem Tempo-Taschentuch – und anschließend das Getriebe neu fettet. Es sollte kein Öl verwendet werden. Rollenfett bekommen Sie in jedem guten Fachhandel. Damit das Schnurlaufröllchen schön läuft, können Sie es ab und an mal ölen. Das Rollengehäuse und die Spule reinigt man am besten mit einem Brillenputztuch. Bei ganz hartnäckigen Verschmutzungen können Sie auch einen Lappen mit etwas Spüli tränken und dann zur Sache kommen. Die Bremse darf auf keinen Fall geölt werden, sonst verliert sie an Bremskraft. Bremsscheiben können Sie gelegentlich mal mit ganz feinem Schmirgelpapier anschleifen. Dann werden sie nochmal schön griffig. Wer seine Rolle pflegt, hat länger was davon!

TIPP

Um die Wirkungskraft der Bremse zu erhalten, sollten Sie sich angewöhnen, diese nach jedem Angeln zu öffnen. Wenn eine Bremse permanent angezogen ist, leiden die Bremsscheiben, und die Bremse verliert irgendwann an Wirkung. Also – immer schön auf damit!

Bremse immer schön aufdrehen!

Eine typische Multirolle

Die Multirolle

Ein Rollentyp, der in Deutschland langsam in Mode kommt und in unseren Nachbarländern schon sehr populär ist, ist die Multirolle. Der entscheidende Vorteil der Multirolle gegenüber der Stationärrolle ist die Robustheit und vor allem die Kraft, die eine Multirolle besitzt. Deshalb werden Multis überall dort eingesetzt, wo es hart auf hart kommt. Was Multis auch von ihren stationären Verwandten unterscheidet, ist natürlich, dass sie beim Angeln nicht – wie die stationäre – unter der Rute, sondern oben gefischt wird! Für diesen Einsatzzweck gibt es sogar spezielle Ruten mit einem so genannten Triggerrollenhalter. Bei diesem steht ein Stück Kunststoff etwas weiter heraus, der einen besseren Griff der mit der Multirolle bestückten Rute verspricht. Die meisten Multirollen haben die Kurbel rechts – mittlerweile gibt es aber auch Hersteller, wie Abu und Shimano, die Rollen mit Linkshandbetrieb anbieten. Diese sind auf dem deutschen Markt einfach gefragter.

TIPP

Wenn Sie sich eine Multi zum Spinnfischen zulegen wollen, achten Sie darauf, das die Rolle über ein so genanntes „Anti-Backlash"-System verfügt. Dieses System bewirkt, dass die Spule beim Wurf minimal abgebremst wird und sich damit nie schneller drehen kann, als Schnur abläuft. Mit diesem Patent gibt es kaum noch Verhedderungen beim Wurf.

Verwendete Baustoffe

Was die Materialien angeht, aus denen eine Multirolle zusammengebaut ist, so sind diese identisch mit denen, die für Stationärmodelle verwendet werden. Alugehäuse, Edelstahlkugellager etc. sind mittlerweile auch hier selbstverständlicher Standard.

Getriebe und Schnurführung

Bei der Multi wird die Kraft von der Kurbel über ein Zahnrad auf die in der Spulenachse sitzende Antriebsschnecke übertragen. Damit ist bei der Multirolle eine wesentlich bessere Kraftübertragung als bei Stationärmodellen gewährleistet. Die Schnurführung funktioniert auch über eine Schnecke, die durch ein auf der Kurbelgegenseite der Spule sitzendes Zahnrad angetrieben wird. In diese greift ein Stift, der sich mittels eines Führungsgestelles, von links nach rechts, hin und her bewegt. Dadurch läuft dann die Schnur und wird gleichmäßig auf der Spule verteilt.

Bremse

Die meisten Multirollen verfügen über eine Sternbremse, die auf Bremsscheiben wirkt, die direkt am Hauptantriebsrad sitzen. Dreht man den Stern nach vorne, wird die Bremswirkung stärker, umgekehrt wird sie schwächer.

Rücklaufsperre

Bei den meisten Multirollen lässt sich die Rücklaufsperre, die wie bei Stationärmodellen aus einem Nadellager besteht, nicht deaktivieren. Allerdings lässt sich häufig eine Knarre zuschalten. Diese Knarre dient dann z. B. als Bissanzeiger – zieht ein Fisch ab, knarrt es!

Einsatzgebiet der Multirolle

Wie schon Eingangs erwähnt, kommen Multis überall dort zum Einsatz, wo mit extrem hoher Belastung zu rechnen ist. Daher verwendet man Multis gerne beim Meeresfischen, beim Schleppangeln, beim Spinnfischen und beim Angeln mit Jerkbaits. Ich bin überzeugt davon, dass Multis in Deutschland noch sehr populär werden!

Beim Feederfischen kommen vorwiegend Stationärrollen zum Einsatz.

Andere Rollenarten

TIPP

Wussten Sie, warum Fliegenrollen immer so viele Löcher in
der Spule haben? Ganz simpel
deshalb, weil die Fliegenschnur dann besser trocknen
kann!

Eine Fliegenrolle mit Großkern
erlaubt ein schnelleres Schnur-
einholen.

Fliegenrolle

Zum Fliegenfischen kommen spezielle Rollen zum Einsatz.
Fliegenrollen sind von der Technik her sehr einfach. Im Gehäuse läuft die Spule auf der Achse. An der Spule ist eine
Kurbel angebracht, auf der Rückseite des Gehäuses findet
man die Bremse. Diese Bremse erzeugt Druck auf die Spule,
die dadurch bei Zug abgebremst wird. Die meisten hochwer-
tigen Fliegenrollen bestehen aus Aluminium, billigere Modelle werden aus Kunststoff gefertigt. In den letzten Jahren sind
so genannte Großkernrollen stark in Mode gekommen. Bei
diesen Rollen ist der Spulenkern dicker, was bedeutet, dass
die Schnur in größeren Kringeln auf der Spule liegt. Dadurch
vergrößert sich natürlich auch der Schnureinzug pro Kurbelumdrehung.

Kapselrollen sind prima zum Stippangeln.

Kapselrolle

Eine Kapselrolle ist im Grunde nichts anderes als eine Stationärrolle, deren Spule sich in einer Kapsel befindet. Anstatt eines Schnurfangbügels haben Kapselrollen aber so genannte Schnurfangstifte. Wenn auf den Auslöseknopf, der sich auf der Kapsel befindet, gedrückt wird, springen die Schnurfangstifte zur Seite und geben die Schnur frei. Bei Betätigung der Kurbel springen die Stifte wieder heraus. Ganz einfach! Kapselrollen haben sich in Deutschland nie wirklich durchgesetzt. Zum Einsatz kommen sie, wenn überhaupt, bei der leichten Spinnangelei und beim Match- und Feederfischen.

Achsrolle (Nottinghamrolle, Centrepin)

Dieser Rollentyp ist absolut nostalgisch. Wie der Name Achsrolle schon vermuten lässt, dreht sich bei ihr die recht große Spule um die Achse. Diese ist allerdings so gut gelagert, dass die Spule schon beim Hauch eines Zuges anfängt zu rotieren. In England wird diese Rolle noch sehr gerne zum „Trotting" verwendet, dem Wanderangeln am Ufer von kleinen Flüssen. Bei dieser Angelei, einer Variante der Posenfischerei, lässt man die Pose mit der Strömung immer weiter abtreiben. Die Rolle ist so leichtgängig, dass sie selbst durch den Zug der Strömung auf die Pose schon anfängt zu rotieren und Schnur freigibt. Eine herrliche Angelmethode zum Döbel- und Äschenfischen.

Welche Rolle für welchen Zweck?

- Spinnfischen: Beim Spinnfischen empfehle ich Ihnen Rollen, die zwischen 100 m 0,35er und 100 m 0,40er monofile Schnur fassen sollten. Wichtig ist auch, dass sie gut wickelt und eine direkte Rücklaufsperre besitzt. Das gibt weniger Schnurverhedderungen. Wenn Sie im Salzwasser fischen wollen, achten Sie auf rostfreie Metallbauteile wie Alu und Edelstahl. Ebenso sollten Sie bei Spinnrollen auf eine gute Bremse achten.

- Grundangeln: Die Rolle sollte ca. 100 m 0,35er Monofil fassen. Gut wäre auch eine Freilauffunktion.

- Karpfenangeln: Rolle mit einer Schnurfassung von ca. 240 m 0,35er Monofil. Freilauffunktion. Gute Bremse. Robuste Bauweise.

- Stipp- bzw. Bolognesefischen: Die Stipprolle sollte 100 m 0,25er Schnur fassen. Eine gute Wicklung ist sinnvoll. Sehr gut eignen sich auch Kapselrollen. Mit denen gibt es kaum Verhedderungen.

- Feederfischen: Rolle mit einer Fassung von ca. 100 m 0,35er Schnur. Wichtig ist eine hohe Rollenübersetzung, damit man den Futterkorb schnell aus den Hängerregionen herausziehen kann.

- Pilken: Top sind beim Pilken Multirollen, da beim Pilken extreme Belastungen entstehen. Achten Sie auch auf Anti-Backlash. Damit gibt es wesentlich weniger Verhedderungen.

- Welsangeln: Große Stationärrollen mit ca. 300 m 0,35er Schnurfassung. Wichtig ist ein Powergetriebe und eine superpräzise Bremse. Freilauffunktion ist besonders beim Bojenangeln und Klopfen mit dem Wallerholz interessant. Alternativ können Sie aber auch eine Multirolle verwenden.

Service

Rechtliche Bestimmungen

Wer angelt muss sich an geltendes Recht halten. An Binnen-
gewässern und oft auch am Meer darf man nur mit Fischerei-
schein angeln, der ab einem bestimmten Alter das Bestehen
der Fischerprüfung voraussetzt. Zusätzlich braucht man in
der Regel für das betreffende Gewässer eine Angelberechti-
gung.

Da vor allem in der Fachliteratur häufig über das Zurücksetzen von Fischen berichtet wird, möchten wir hier auf geltendes Recht hinweisen: Gefangene Fische, die keiner Schon-
zeit unterliegen und größer als das geltende Schonmaß sind,
müssen angelandet, betäubt und getötet werden.

Schonzeiten und Mindestmaße sind einzuhalten und weitere Vorschriften zu beachten. Die rechtlichen Vorschriften
unterscheiden sich regional und ändern sich von Zeit zu Zeit.
Deshalb finden Sie hier keine Aufstellung der geltenden
Rechte und Vorschriften, sondern eine Liste von Adressen,
bei denen Sie sich nach den gültigen Bestimmungen in
Ihrem Angelrevier erkundigen und Informationen einholen
können.

**Beim Angeln sieht man Sachen,
die andere nicht sehen ...**

Nützliche Adressen

Deutschland

Deutscher Anglerverband
e.V. (DAV)
Hausburgstr. 13
10249 Berlin
Tel.030-4 27 29 75
oder −4 26 01 13
Fax 030-4 26 91 35

Verband Deutscher
Sportfischer e.V. (VDSF)
Siemensstr.11–13
63071 Offen-
bach a.M.
Tel. 069-85 50 06
Fax 069-87 37 70

Bundesforschungsanstalt
für Fischerei
Palmaile 9
22767 Hamburg
Tel. 040-38 90 50
Fax 040-38 90 51 29

Deutscher Hechtangler Club
e.V.
Friedrich-Ebert-Str. 147
47800 Krefeld
Tel. 0 21 51-2 46 84
Fax 0 21 51-2 46 84

Deutscher Karpfen Angel-
club e.V.
Adventure Fishing
Reismühle 5
22087 Hamburg

Österreich

Verband österr. Arbeiter
Fischerei Vereine
Lenaugasse 14
1080 Wien
Tel. 01-4 03 21 76
oder 4 03 97 54
Fax 01-4 03 21 20

Österr. Sport und Fischerei-
verband
Laudongasse 16
1082 Wien
Tel. 01-4 08 46 29

Schweiz

Schweizerischer Fischerei
Verband Geschäftsstelle
Tobias Winzeler
Postfach 8218
3001 Bern
Tel. 031-3 81 32 52
Fax 031 3 82 02 89

Angelzeitschriften

Fisch & Fang
Erich-Kästner Str. 2
56379 Singhofen

Der Raubfisch
Erich-Kästner Str. 2
56379 Singhofen

Angeln im Internet

www.vdsf.de
www.fischundfang. de
www.raubfisch.de
www.fischerprue fung.de
www.fische.de
www.sfv-fsp.ch
www.fischerweb.ch
www.angelsuchma schine.de
www.anglerboard. de
www.angelwelt.de
www.deutscher hechtangler-
club.de
www.deutscher-kar pfen-an-
gelclub.de
www.angelplatz.de
www.maxno-ek.com
www.bavarian-gui ding-ser-
vice.de
www.hechtspring.tv
www.angelsport-schirmer.de

Angelpraxis

Aldinger, Hermann
Der Hecht, 1993

Anneken, Jacob, Specimen
Hunting Group
Angeltechniken, 2002

Bailey, John
Das Kosmos Buch vom Angeln,
2001

Bailey, John
Das Kosmos Buch vom Spinnfischen, 2003

Duwe, Georg
Zielfische angeln, 2003

Duwe, Georg
Das KOSMOSBuch Hechte
angeln, 2003

Finkbeiner, Thomas
Angeln an Nord- und Ostsee,
2002

Gretler, Thomas
Clever und Erfolgreich Angeln,
2002

Jacob, Tom
Forellen angeln, 2001

Janitzki, Andreas
1 mal 1 des Angelns, 2001

Janitzki, Andreas
Karpfen angeln, 2002

Kreupl / Rein
Bluewater Fishing, 2002

Rehbronn, Edmund
Handbuch für den Angelfischer,
2002

Rehbronn/ Rutkowski/Jahn
Das Räuchern von Fischen,
1999

Willock, Collin
Das große ABC des Fischens,
1994

Fliegenfischen

Atkinson,
R. Valentine
Lachs & Forelle, 2000

Edwards, Oliver
Meine besten Fliegen,1995

Gathercole, Peter
Catch that Fish! – Erfolgreich
Fliegenfischen – Das
Praxisbuch, 2001

Hebeisen,
Hans-Ruedi
Faszination Fliegenfischen,
2000

Schulte, Wolfgang
Streamerfischen, 2000

Schrodt, Jürgen
Insektenkunde für Fliegenfischer, 2003

Steinfort, Hans
Fliegenfischen für Anfänger,
1999

Steinfort, Hans
Fliegenfischen für Fortgeschrit-
tende, 1997

Vestergaard, Niels
Mit der Fliege fischen, 2001

Vestergaard, Niels
Fliegenbinden leicht gemacht,
2002

Für die Westentasche

Frisch von der Angel – Die
besten Outdoor-Fischrezepte,
2001

Staub, Erwin
Anglerknoten leicht gemacht,
2000

Staub, Erwin
Farbatlas der Angelfische, 2000

Janitzki, Andreas
Die fängigsten Köder, 2002

Gretler, Thomas
Die besten Anglertricks, 2003

Unterhaltung

Bailey, John
Angebissen – Ein angelnder
Weltenbummler erzählt, 2002

Nachschlagewerke

Stingelwagner/ Bachfischer
Das große Kosmos Angel- und
Fischereilexikon, 2002

KOSMOS

Erlebnis Angeln

Kosmos Angelpraxis – Erfolg am Wasser!

Rotaugen und Brachsen fressen, was für Karpfen gedacht war? Barsche stehlen den Hechtköder vom Haken? – Schluss damit! Die besten Angeltaktiken für die acht beliebtesten Zielfische finden Sie in diesem Buch. Mit den Tipps von Angelspezialist Georg Duwe wird auch Ihr Lieblingsfisch schon bald im Kescher zappeln.

Mit spannenden Berichten und Fotos rund ums Hobby Angeln!

Georg Duwe
Zielfische angeln

96 Seiten,
ca. 50 Abbildungen,
kartoniert

ISBN 3-440-09392-1

Thomas Gretler
Clever und erfolgreich angeln

ISBN
3-440-09279-8

Thomas Finkbeiner
Angeln an Nord- und Ostsee

ISBN
3-440-08998-3

Andreas Janitzki
Karpfen angeln

ISBN
3-440-8997-5

Tom Jacob
Forellen angeln

ISBN
3-440-08556-2

Niels Vestergaard
Mit der Fliege fischen

ISBN
3-440-08950-9

Andreas Janitzki
1 mal 1 des Angelns

ISBN
3-440-08555-4

Jeder Band mit 96 Seiten, ca. 60 Abbildungen, kartoniert
Je € 9,90; €/A 10,20; sFr 17,40
Preisänderung vorbehalten

www.kosmos.de

Das Praxis- und Erlebnisbuch

Der Räuber mit dem zähnestarren-
den Maul ist der beliebteste Angel-
fisch Deutschlands. Wie auch Sie
Ihren Hecht bald schon an den
Haken bekommen verrät Ihnen
Hechtprofi Georg Duwe. In anschau-
licher Weise werden die Techniken
vom Spinnfischen bis zum Köderfischangeln genau erklärt. Ergänzt
werden die Profi-Ratschläge durch
Erlebnisberichte. Immer wieder
streut der Autor eigene Erfahrungen
ein, die so realistisch wirken, dass
auch Sie schon bald wieder am Ufer
sitzen, um die neuen Ratschläge
auszuprobieren.

▶ Das Standardwerk zum Angeln
  auf Hecht

▶ Profitipps und hautnahe
  Erlebnisse – alles in einem Buch

Georg Duwe
Das KosmosBuch Hechte angeln

160 Seiten, ca. 130 Farbfotos
gebunden

ISBN 3-440-09510-X
€ 24,90; €/A 25,60; sFr 42,–
Preisänderung vorbehalten

Bildnachweis

Mit 42 Fotos vom Autor Jan Gutjahr und 1 Foto vom Thomas Gretler (S. 76).

Illustrationen von Kay Elzner

Informationen senden wir Ihnen gerne zu

Bücher · Kalender · Spiele
Experimentierkästen · CDs · Videos
Natur · Garten & Zimmerpflanzen ·
Heimtiere · Pferde & Reiten ·
Astronomie · Angeln & Jagd ·
Eisenbahn & Nutzfahrzeuge ·
Kinder & Jugend

KOSMOS

Postfach 10 60 11
D-70049 Stuttgart
TELEFON +49 (0)711-2191-0
FAX +49 (0)711-2191-422
WEB www.kosmos.de
E-MAIL info@kosmos.de

Impressum

Mit 43 Farbfotos und 5 Illustrationen

Umschlaggestaltung eStudio Calamar, unter Verwendung einer Farbaufnahme von Andreas Jaritzki.

Die Deutsche Bibliothek – CIP-Einheitsaufnahme

Ein Titelsatz für diese Publikation ist
bei der Deutschen Bibliothek erhältlich.

©2003, Franckh-Kosmos-Verlags-GmbH & Co., Stuttgart
Alle Rechte vorbehalten
ISBN 3-440-08921-5
Redaktion: Ben Boden
Printed in Czech Republic/Imprimé en République tchèque

Alle Angaben in diesem Buch erfolgen nach bestem Wissen und Gewissen. Sorgfalt bei der Umsetzung ist indes dennoch geboten. Der Verlag, der Autor und die Herausgeber übernehmen keinerlei Haftung für Personen-, Sach- oder Vermögensschäden, die aus der Anwendung der vorgestellten Materialien und Methoden entstehen könnten. Dabei müssen geltende rechtliche Bestimmungen und Vorschriften berücksichtigt und eingehalten werden.

KOSMOS-Infoline

Unser Autor **Jan Gutjahr** ist erst 28 Jahre alt, kann aber schon auf eine über 20 Jährige Anglerkarriere zurückblicken. Er arbeitet hauptberuflich als Polizeikommissar bei der Wasserschutzpolizei in Mainz und ist bereits seit einigen Jahren als freier Mitarbeiter bei den Fachzeitschriften „Der Raubfisch" und „Fisch &Fang" tätig. Angeltechnisch kann man ihn als einen absoluten Allrounder bezeichnen, wobei seine persönlichen Prioritäten klar aufs Raubfischangeln ausgelegt sind. Aber auch das Karpfenangeln und Fliegenfischen haben es ihm angetan. Neben der Angelei beschäftigt er sich aber auch sehr intensiv mit Foto- und Videografie, sowie dem Rutenbau.

Sie können sich mit Ihren Fragen und Problemen an Jan Gutjahr wenden.

Schreiben Sie an die KOSMOS-InfoLine Angeln.

KOSMOS Verlag
InfoLine Angeln
Postfach 10 60 11
70049 Stuttgart